Das neue Getreide-Kochbuch

Raffinierte Rezepte für bewusste Genießer

Helma Hamader
Johann Reisinger

av BUCH

Inhalt

Der Punkt kennzeichnet Rezepte, die bei Kindern gut ankommen.

Vorwort

Liebe Leserin, lieber Leser!
Am liebsten stehe ich in der Küche und koche mit den Lebensmitteln, die da sind. Die Auswahl ist bei uns groß, denn ich lebe mit meinem Mann auf dem Meierhof, einem Bauernhof im niederösterreichischen Waldviertel. Ich habe viele Jahre in Internaten, Studentenheimen, WGs und meiner eigenen kleinen Wohnung in Wien verbracht. Speziell in den letzten Jahren in Wien machte es mir großen Spaß, für den Freundeskreis zu kochen.
Nach meiner Übersiedlung ins Waldviertel begannen die kulinarischen Experimentierjahre. In unserem großen Garten kultiviere ich gemeinsam mit meinem Mann verschiedenste Gemüsesorten. Da Josef mit Leib und Seele Getreidebauer ist, kamen neben Gemüseraritäten und bunten Kartoffeln sehr rasch einige besondere Getreidesorten in den Versuchsanbau. Aus kleinsten Versuchsparzellen wurden im Laufe der Jahre ganze Feldflächen, und seit 2004 bauen wir zu 100 % sogenannte „alte Sorten" auf unseren Feldern an – verschiedene Sorten, die sich durch besondere Vitalität, Geschmacksnuancen und einen hohen Gehalt an wertvollen Inhaltsstoffen auszeichnen. Wir sind damit auch unabhängig von Saatgut-

und Pflanzenschutzmittelkonzernen. Kunstdünger werden in der Bio- und Demeterbewirtschaftung grundsätzlich nicht verwendet.
Mit der wachsenden Vielfalt auf dem Acker war auch meine Kreativität in der Küche gefragt. Meine Begeisterung für „alte Getreidesorten" und meine Art, damit zu kochen, möchte ich Ihnen in diesem Buch vermitteln. Auch der gesundheitliche Wert der verschiedenen Sorten und Informationen zum Kochen mit Getreide kommen nicht zu kurz.
Bei der Beschäftigung mit diesen speziellen Getreidesorten lernte ich viele Personen kennen, die in ihrem jeweiligen Fachbereich alte Getreidesorten entdeckt hatten. Einige davon wurden zu guten Freunden und Mitstreitern bei der „kulinarischen Wiederentdeckung". Ich freue mich, dass ich deren Fachwissen und Arbeit in diesem Buch kurz vorstellen kann. Ein besonderer Freund und Begleiter wurde Johann Reisinger, der mit mir gemeinsam dieses Buch gestaltete. Er hat sich dem „puren Geschmack" der Lebensmittelvielfalt verschrieben. Ihn interessiert die Verbindung zwischen pflanzenbaulicher Herkunft und kulinarischer Bestimmung eines Produktes. Bei den Schönbrunner Seminaren in Wien arbeitet er regelmäßig mit Gemüsevielfalt. Aber das Prinzip bleibt auch für Getreide das gleiche: Nur wer die Entstehungsgeschichte eines Lebensmittels zu verstehen lernt, kann es authentisch anwenden und verarbeiten. Mit viel Freude arbeitet er mit Kindern, Jugendlichen, und in der Erwachsenenbildung als Geschmackspädagoge. Als Förderer und Verfechter natürlich gewachsener Lebensmittel haben die „alten" Getreidesorten bereits bei ersten Kochversuchen großen Respekt bei ihm geweckt. Die Wiederentdeckung alter Kochtraditionen ist ihm ebenso wichtig wie das experimentelle Suchen nach neuen Zugängen. Überzeugen Sie sich selbst!

Viel Freude beim
Kochen mit Getreide!

Helma Hamader Johann Reisinger

Wir verwenden im Buch die Bezeichnungen Einkornreis, Emmerreis und andere Getreidereisarten für schonend geschliffenes und poliertes Urgetreide. Mit Reis hat Getreidereis die Art der Verarbeitung und Verwendung gemeinsam.
Alle Getreidearten in diesem Buch sind glutenhaltig und für Menschen mit Glutenunverträglichkeit (Zöliakie) nicht geeignet.
Alle Rezepte sind – wenn nicht anders angegeben – für 4 Portionen.

Getreide neu erleben

Das Lebensmittel

Getreide begleitet die menschliche Entwicklung. Der Beginn der Jungsteinzeit (Neolithikum) wird als Beginn der Ackerbaukultur – ausgehend von der Levante um 20 000 v. Chr. – datiert. Doch bereits die Frühmenschen dürften vor 2 Millionen Jahren als Jäger und Sammler Wildsamen als Nahrung verwendet haben. In diesen 1 980 000 Jahren lernten unsere Vorfahren die Wildsamen zu nutzen und bereiteten damit den intensiven Anbau von Getreide vor.
Je nach klimatischer Region und den dort vorkommenden Pflanzen haben die Menschen der Steinzeit unterschiedliche Pflanzengattungen für ihre Ernährung gesammelt und in der Folge auch kultiviert. Im südamerikanischen Raum etwa waren es Vorläufer der heutigen Maissorten, im Gebiet des heutigen China wurden verschiedene Vorfahren von Reis genutzt. Die frühen Formen der heute bei uns bekannten Getreidesorten (Weizen, Gerste und Roggen) sind im Gebiet des „Fruchtbaren Halbmondes" beheimatet. Die vor mehreren Hunderttausend Jahren lebenden Menschen haben bei ihren Sammeltätigkeiten wohl in erster Linie die Samen jener Gräser geerntet, die am Halm verblieben. Gräser, deren Samen frühzeitig abfielen oder deren Samenstand brüchig war, konnten schlechter gesammelt werden und wurden bei diesem „ersten Selektionsprozess" ausgeschlossen. Mit Beginn des Ackerbaus wurde bereits mit mehr oder weniger gezielten Auswahlverfahren begonnen.
Biologisch-dynamisch wirtschaftende Betriebe beurteilen das Saatgut nicht nur nach einzelnen spezifischen Eigenschaften wie z. B. Krankheitsresistenz, sondern achten mehr auf die Konstitution der gesamten Pflanze, auf die Dynamik während des Wachstums, auf die Ausreifung und die Farbunterschiede. Wie die Pflanzen wachsen, ihre Früchte bilden und ausreifen, beeinflusst die Nahrungsqualität des Getreides. Diese Nahrungsqualität ist in den sogenannten „alten Sorten" noch sehr gut ausgebildet.

Zuchtziel: Gesunde Lebensmittel

Seit etwa 200 Jahren wird Saatgut gesammelt und in Genbanken aufbewahrt, untersucht und in regelmäßigen Abständen kultiviert und beschrieben. Mit dem Anbau von verschiedenen Getreidesorten müssen diese weiter züchterisch begleitet werden. Das heißt, nur hochwertige Pflanzen mit entsprechenden Eigenschaften werden als Saatgut verwendet.
Die konventionelle Pflanzenzüchtung arbeitet heute mit verschiedensten Methoden. Neben der Selektions- und Kombinationszüchtung entstanden die Mutations- und Hybridzüchtungen sowie Züchtungen mithilfe von Gentechnik. In der biologisch-dynamischen Pflanzenzüchtung ist aber die grundsätzliche Herangehensweise bedeutend, wie Peter Kunz, einer der Pioniere in der biodynamischen Pflanzenzüchtung, beschreibt: „Das Wesentliche ist der ‚Züchterblick', der die zukünftige Sorte unter Zehntausenden von anderen Pflanzen sieht. Es gibt immer weniger Züchter, die diese Fähigkeit pflegen, oft auch deshalb, weil ihnen die modernen Techniken als sicherere Werkzeuge erscheinen. Aber diese Techniken eröffnen zunächst nur einen äußeren Zugang zur züchterischen Handhabung der Pflanzen, den inneren Zugang zum Pflanzenwesen muss man sich selbst erarbeiten. Das ist jedoch die Voraussetzung, um mit den Techniken verantwortungsvoll umzugehen, ohne inneren Zugang kommt man nicht zu einer auf Freiheit bauenden Ethik."

Alte Getreidesorten weisen eine hohe innere Nahrungsqualität auf und sind als spezielle Lebensmittel, aber auch als Kreuzungspartner in der Pflanzenzüchtung von größtem Interesse.

GASTBEITRAG
Markus Buchmann,
Getreidezüchter; Verein für Bildekräfteforschung,
Winterthur

Getreide macht Geschichte

Ohne Getreide hätte sich die Menschheit vermutlich völlig anders entwickelt. Die Kultivierung von Getreide machte es möglich, dass viele Menschen sesshaft wurden. Ohne die lagerfähigen Nahrungsvorräte hätten keine großen Siedlungen entstehen können. Und diese Siedlungen waren die Basis für soziale Entwicklungen. Der Aufzeichnung von Erntemengen und Lagerbeständen galt daher seit Beginn der Schrift eine große Aufmerksamkeit. In allen frühen Hochkulturen sind die Darstellung von Arbeiten mit Getreide und die Aufzeichnung der Erntemengen überliefert. Diese enge Bindung der Menschheit an das Getreide als Hauptnahrungsmittel verschwand in der Neuzeit, besonders in den letzten 50 Jahren im europäisch-amerikanischen Raum. Da ausreichend Nahrung zur Verfügung steht, brauchen die Menschen sich nicht weiter darum zu kümmern. Die Bedeutung von Getreide wird großteils aus dem Bewusstsein gelöscht. Mit dem zunehmenden Gesundheitsbewusstsein der letzten Jahre wächst das Interesse an Ernährung. Das Wissen um den Wert der verschiedenen Getreidearten scheint nun wieder aus dem Unterbewusstsein zu erwachen.

Alte Sorten, traditionelle Verarbeitungsmethoden und alte Rezepte werden ebenso ausgegraben wie die Erkenntnis, dass Getreide ein Basislebensmittel in unserer Ernährung darstellt.

Grundprinzipien meiner Getreideküche

Vollkornmehl ist vor allem deshalb in Verruf geraten, weil mit kleinen Mühlen nicht sehr fein gemahlen werden kann, die verbleibenden Kleieteile daher relativ groß und schwer sind. Die Verarbeitung wird dadurch erschwert und das fertige Gericht entspricht nicht den Anforderungen, die seit der Erfindung des Weißmehls gestellt werden. Beim Weißmehl werden vor der Verarbeitung alle dunklen Schichten vom Korn entfernt.
Ähnlich ist es bei Reis. Dieser „muss" anscheinend weiß, weich und locker sein. Um dies zu erreichen, wird die gehaltvolle dunklere Hülle (Silberhäutchen) gänzlich entfernt – damit gehen jedoch Geschmack und ein Gutteil der wertvollen Vitamine, Mineral- und Ballaststoffe verloren. Im Gegensatz dazu ist ungeschliffener Reis vergleichbar mit einem Weizen- oder Dinkelkorn. Die Hülle des Getreides umschließt das Korn, beim Kochen dringt dementsprechend schwer Wasser in das Korn ein und der innen liegende Mehlkörper kann durch die „feste" Hülle nicht aufquellen. Vollkornkost ist daher meist mit mehr Kau- und Verdauungsaufwand verbunden.
In der modernen Gesellschaft sind unsere Körper diesen Anforderungen nicht mehr gewachsen, und Geschmack und Verdauung müssen erst wieder geschult und trainiert werden.
Auf dem Weg dahin gibt es durchaus vernünftige „Einstiegsmöglichkeiten". Es gibt leichter verdauliche Getreidearten (Einkorn, Emmer, samenfeste Weizensorten), auch kann der Kleieanteil im Mehl durch Aussieben der groben Kleie reduziert werden, oder das Korn wird wie bei der Herstellung von Getreidereis teilweise angeschliffen.
Auf jeden Fall ist ein Kochen und Genießen mit gesunden Getreideprodukten auch in „Zwischenstufen" möglich.

Einstiegshilfen in die Vollkornküche

- Statt Vollkorn- oder Weißmehl teilausgesiebte Mehle verwenden.
- Statt weißem oder Vollkornreis leicht geschliffenes Getreide, sogenannten Getreidereis, verwenden.
- Für Kuchen und Brot können Graumehle und Keimlinge verwendet werden.

PERSÖNLICHES

Getreide aus Leidenschaft

Das Leben hat mich ins Waldviertel zu meinem Mann und dessen Leidenschaft für den Getreidebau geführt. Gemeinsam haben wir vor über zwölf Jahren begonnen, aus einzelnen Ähren und aus verschiedenen Sortenherkünften alte Getreidesorten anzubauen. Der Reichtum an verschiedenen Getreidesorten und deren Geschmacksvielfalt haben uns seither in ihren Bann gezogen. Viele dieser alten Sorten sind besonders robust und gesund und damit ideal für den Anbau im klimatisch rauen Waldviertel. Manche stammten aus Italien oder Russland und mussten erst an die Bedingungen bei uns „gewöhnt" werden.
Mit dem Anbau und der Verarbeitung dieser speziellen „alten" Getreidesorten und der biodynamischen Wirtschaftsweise sind wir unabhängig von Saatgut- und Düngemittelkonzernen und den üblichen Vermarktungsstrukturen. Damit stehen für uns die „alten Sorten" auch ein Stück für Unabhängigkeit und faires Wirtschaftsleben in einer Welt der Globalisierung.

PERSÖNLICHES

Zwischen Vollkorn und Weißmehl

In meiner Studentenzeit – ich kam „frisch" vom Land in die Stadt und war geprägt vom Vollkorntrend der 1980er-Jahre, Fair Trade und Müsli – versuchte ich auf diese Art und Weise auch mein Glück in Wien. Die ersten Bioläden und die ersten Erfahrungen mit Motteninvasionen lehrten mich ein gutes Stück an Einkaufs- und Küchenorganisation. Vielleicht ist Ihnen das nie passiert, mir jedoch schon. Ich koche gern spontan, je nach Gusto und Tagesverfassung. Daher bin ich nie zur dogmatischen Müslifrühstückerin geworden und auch nicht zum Vollkornguru. Vielleicht sollte ich auch dazu sagen, dass ich nie eine Frau der Extreme war. Ich bin eine unabhängige und gesellschaftskritische Mutter mit mehreren Berufen, und ich koche und genieße gern. Ich habe als Jugendliche auf verschiedenen Bauernhöfen und Almen gearbeitet und konnte mich durch diese vielfältigen Erfahrungen früh aus dem traditionellen Rahmen befreien. Während meines Studiums an der Technischen Universität habe ich gelernt, fast alles zu hinterfragen. Und ich habe gelernt, nicht nur mit dem Kopf zu denken.

Gerade in Ernährungs- und Wohlfühlfragen ist es mir besonders wichtig, den gesamten Körper „denken" und „reden" zu lassen. Zuhören und Hineinfühlen spielen dabei natürlich eine ebenso große Rolle. Vor diesem Hintergrund habe ich die fleischbetonte Küche ebenso hinterfragt wie die Vollkornküche. Eine wesentliche Frage ist für mich die nach dem „Woher". Seit über 25 Jahren vermeide ich es, Fleisch von Tieren aus Massenhaltung zu kaufen. Ich möchte wissen, dass es den Tieren zu Lebzeiten gut gegangen ist. Ähnlich steht es um Getreide- und Gemüseprodukte. Wo sind diese gewachsen? Wie arbeiten die Menschen mit den Pflanzen? Wie geht es den Menschen in diesen Betrieben? Woher dieses Interesse stammt, weiß ich nicht genau. Vielleicht weil ich in meiner Schulausbildung bereits Ernährungslehre und Kochen hatte, vielleicht weil ich auf einer Südtiroler Alm selbst Käse und einfache Gerichte zuzubereiten lernte. Ich weiß jedenfalls gern, wie etwas entsteht, und ich genieße gern. Mir ist wichtig, dass ich mich gesund, gut und fair ernähre.
In meiner Küche gibt es keinen speziellen Kochstil. Aber es gibt Grundsätze. Einer davon ist es, möglichst gesunde Lebensmittel zu verwenden und diese mit entsprechendem Gefühl zuzubereiten.

Diese Philosophie geht auf unserem Betrieb nahtlos in die Landwirtschaft und in die Getreideverarbeitung über. Es nützt das beste Getreide nichts, wenn dieses als Weißmehl in einem tiefgekühlten Pizzaboden mit Schummelkäse und Hybridgemüse landet. Es bringt jedoch auch das beste Getreide nichts, wenn es im Regal von Motten gefressen wird, weil die Kinder keine Vollkornpizza mögen. Daher wollte ich ein Buch zum lustvollen Kochen gestalten – mit vielen Informationen zu Getreide und einladenden Rezepten.

Getreidevielfalt für die Natur

„Das Äußere der Pflanze ist nur die Hälfte der Wirklichkeit."
Johann Wolfgang von Goethe

Gesundes wächst

Nahrungsmittel speichern ihr Umfeld während des Gedeihens, um diese Informationen als Nahrung anschließend an uns weiterzugeben. Sie kennen die „wunderschönen" Weizenfelder, Halm an Halm, Ähre an Ähre, und dazwischen: nichts! Keine Blumen, keine Kräuter, keine Schmetterlinge. Diese Monokultur setzt sich in der Umgebung, dem Boden und in der Struktur der Pflanzen fort. Auf einem reich strukturierten Feld mit vielen Insekten, Schmetterlingen, gemischter Pflanzenstruktur und gesundem Boden können besonders hochwertige Lebensmittel wachsen.

Moos am Feld zeigt einen mit Nährstoffen und Herbiziden übersättigten Boden, der zu wenig Licht und Luft erhält.

Auf einem Feld mit so dichtem Weizenbestand, dass Wind und Sonne den Boden nicht mehr erreichen, „erstickt" der Boden an den zugeführten Nährstoffen. Mithilfe von Spritz- und Düngemitteln wird dennoch eine reiche Ernte erreicht. Die so produzierten Nahrungsmittel enthalten alle messbaren Inhaltsstoffe wie Kohlenhydrate, Eiweiß, Fett, Vitamine und Mineralstoffe. Aber ist der Wert des Korns wirklich gleich?
Stellen Sie sich eine Getreidepflanze mit mehreren 2 m langen Halmen vor, je 3 mm stark. Vergleichsweise wäre das je ein Turm mit 30 cm Durchmesser und 200 m Höhe. An der Spitze des Turms würde dann noch ein 10 m hoher und 1,5 m breiter Etagentrakt angebracht sein. Die ganze Konstruktion ist dabei noch erdbeben- und unwettersicher. Gesund gewachsenes Getreide hat diese Aufrichtekraft in sich! In der heute üblichen Landwirtschaft wird diese aber mit chemisch-synthetischen Halmverkürzern, einem Überangebot an Nährstoffen und Abreifehilfsstoffen beeinträchtigt.
Spezielle Messmethoden, die sogenannten „bildschaffenden" Methoden, lassen klare Unterschiede im Aufbau von konventionellen und biodynamisch gewachsenen Getreidekörnern erkennen.

Vorzüge „alter Getreidesorten"

Alte Getreidearten/-sorten sind züchterisch weniger bearbeitet. Dadurch ergeben sich einige interessante Vorteile:

- Sie sind genetisch vielfältiger und daher besser an Schwankungen im Klima beziehungsweise an Schaderreger angepasst.
- Sie wurden in Zeiten einer Low-input-Landwirtschaft selektiert – dadurch sind sie zwar ertragsschwächer, jedoch besser an die Bedingungen des Biolandbaus (z. B. Unkrautunterdrückung oder Stickstoffdynamik und -effizienz) angepasst und vielfach auch resistenter gegenüber Krankheiten.
- Sie besitzen in der Regel kleinere Körner – dadurch ist der relative Anteil an, in der Samenschale lokalisierten Inhaltsstoffen (z. B. Mineralstoffen oder sekundäre Pflanzenstoffen) höher als bei den meisten Hochzuchtsorten.
- Sie besitzen vielfach spezifische Inhaltsstoffe, die im Zuge einer intensiven Züchtung auf industrielle Verarbeitung wegselektiert wurden, z. B. Carotinoide in Einkorn, Beta-Glucane in Gerste.

GASTBEITRAG
Heinrich Grausgruber, Institut für Pflanzenbau, Universität für Bodenkultur, Wien

Biologisch-dynamische Landwirtschaft

Da wir in unserem Betrieb biologisch-dynamisch arbeiten und die Grundsätze sehr umfassend sind, werde ich diese Wirtschaftsweise stellvertretend für den Biolandbau vorstellen:
Landwirtschaft bedeutet, das naturgegebene Land durch menschliche Tätigkeit so zu bewirtschaften, dass daraus Nahrungsmittel erzeugt werden. Oberstes Ziel des biodynamischen Landbaus ist der Aufbau eines autarken Hofkreislaufes, der die Menschen mit gesunden Lebensmitteln versorgen kann. Rinderhaltung, hofeigenes Saatgut und Futter, Düngung mit kompostiertem oder fermentiertem Wirtschaftsdünger (Präparate) und Leguminosenanbau sind die Grundlagen. Durch diese Wirtschaftsweise werden die Lebensvorgänge zwischen Boden, Pflanze und Tier harmonisiert. Ein gesunder Boden lässt gesunde Pflanzen gedeihen, die Mensch und Tier als Nahrungs- und Futtermittel zur Verfügung stehen.
Statt industriell erzeugtem chemischem Dünger und schadstoffhaltigen Spritzmitteln kommen in der biologisch-dynamisch geführten Landwirtschaft spezielle Kräuter-, Quarz- und Mistpräparate zur Anwendung, die in der Kompostbereitung und in der Boden- und Pflanzenpflege von zentraler Bedeutung sind. Diese kontinuierliche Kompostwirtschaft aus hofeigenem Mist und den Kompostpräparaten schafft die Basis für ein aktives Bodenleben. Präparate aus Kuhdung und aus Heilpflanzen wie Löwenzahn oder Baldrian unterstützen dabei, die Fruchtbarkeit aufzubauen.
Beim Rühren der Spritzpräparate im Fass verbinden sich – ähnlich wie in der Homöopathie – die Substanzen dynamisch mit dem Wasser. Das so gewonnene Präparat wird über Wiesen, Acker und Gärten fein verspritzt und entfaltet seine Wirkung.
Alle Vorgänge müssen jedoch zum richtigen Zeitpunkt geschehen. Die Kunst des Demeterlandwirtes besteht darin, diesen treffsicher zu bestimmen. Dazu bedarf es der entsprechenden Sensibilität und langer Erfahrung, um die irdischen und kosmischen Rhythmen zu beachten und zu nutzen.
Der Einfluss des Kosmos auf die Pflanzen- und Tierwelt ist inzwischen bewiesen. Es wird heute kaum mehr infrage gestellt, dass bei abnehmendem Mond geschlagenes Holz widerstandsfähiger gegen Holzwurm und Fäulnis ist. Karotten sind besonders ertragreich und lagerfähig, wenn sie vor Vollmond ausgesät werden. Bei Kartoffeln hingegen ist das Gegenteil der Fall. Demeterbauern beobachten Mond und Sterne, bedienen sich der Kräfte des Kosmos, begleiten das Wachstum der Pflanzen auf ihren Wiesen und Feldern ebenso wie das

Knöllchenbakterien auf Leguminosenwurzeln binden Luftstickstoff für Pflanzen.

Reifen der Früchte und achten darauf, dass ihre Tiere gesund und lebensfroh sind. Sie sind nicht nur Erzeuger von Nahrungsmitteln und Landschaftserhalter. Das Ziel der Demeterbauern ist es, die Natur zu schützen, zu heilen, aktiv zu gestalten und zur Kulturlandschaft zu entwickeln.
(Quelle: Demeterbund Österreich, o.J.)

Demeter – oder wie Lebensmittel nachhaltig produziert werden

In einer Vortragsreihe präsentierte Rudolf Steiner 1924 seine Vorstellung von einer nachhaltigen Landwirtschaft. In der Folge begann eine Gruppe von Landwirten die Empfehlungen in die

Marienkäfer auf Einkorn

Praxis umzusetzen, die ersten Biobetriebe entstanden. Etwa 20–30 Jahre davor wurden die ersten Erkenntnisse für Kunstdünger in die Praxis umgesetzt. Die ersten Demeterbetriebe, wie sich diese Gruppe um Rudolf Steiner nach der griechischen Göttin der Fruchtbarkeit nannte, sind die Wurzel einer alternativen Form der Landwirtschaft. 30–40 Jahre später entstanden weitere Initiativen im Biolandbau.

Vielfalt auf dem Acker: gesunder Boden – gesunde Pflanzen

Der Boden ist Grundlage der Pflanzenproduktion, aber auch Lebensraum. Etwa für Regenwürmer. Regenwürmer fördern die Humusbildung. Der Humus ist für die Bildung einer stabilen Bodenstruktur unerlässlich. Mit einer intakten Bodenstruktur können im Boden Wasser, Nährstoffe und Luft in pflanzenverfügbarer Form gespeichert werden. Landwirte sollten den Boden daher so bearbeiten, dass die Regenwürmer einen optimalen Lebensraum haben. Dafür ist es erforderlich, einerseits genug Futter (z. B. Stroh, Pflanzenreste) für die Würmer in der obersten Bodenschicht zur Verfügung zu stellen und andererseits die „Wohnungen" (Gänge im Boden) der Regenwürmer nicht zu zerstören. Eine Bodenbearbeitung, die regelmäßig tiefer als 5–10 cm den Boden „durcharbeitet", ist daher nicht angebracht, die Bodenstruktur nachhaltig zu verbessern.

Unsere Erfahrung

Nach fünf Jahren ohne moderne Pflugtechnik konnten wir anstatt zehn Regenwurmlöchern pro Quatratmeter über hundert auf unseren Feldern zählen! Der Humusgehalt ist um 3–5 % gestiegen und dementsprechend auch die Fähigkeit des Bodens, Nährstoffe wie Stickstoff und Phosphor in pflanzenverfügbarer Form zu bilden und zu speichern. Außerdem werden die Bodenbestandteile in größeren Strukturen (Bodenkrumen) gebunden und können dadurch weniger von Wind und Wasser abgetragen werden. Nach starkem Regen sehen wir, dass der Boden auf unseren Feldern wesentlich mehr Wasser aufnehmen kann. Erde wird nicht abgeschwemmt und der Boden bleibt trag- und bearbeitungsfähig.

Beikräuter und Mischkultur am Getreidefeld

So wie die Lebensvielfalt unter der Erde, ist auch die über der Erde bedeutend. Ein vielfältiges Pflanzen- und Tierleben ist Indikator für ein gesundes Lebensumfeld. Wenn auf Feldern bestimmte Beikräuter überwiegen, weist dies auf Bodenprobleme hin. Die allseits bekannte Ackerkratzdistel zeigt Bearbeitungsfehler und Bodenverdichtungen an. Durch ihre 25–50 cm tiefen und weitverzweigten Wurzelsysteme (mehrere 100 m^2) versucht „die Distel" den Boden zu gesunden. Wenn ihre „Arbeit" getan ist, wird die Kraft der Disteln gemildert, und diese werden zunehmend von Distelfaltern besucht. Deren Raupen ernähren sich von den Distelblättern, und der Distelzyklus findet einen Abschluss. Wenn die Bodengesundheit von den Disteln nicht wiederhergestellt werden kann, weil beispielsweise dieser Prozess immer durch unsachgemäße maschinelle Bearbeitung unterbrochen wird, bleiben die Disteln ein Begleiter dieses Ackers. Die Vernetzung der Lebensbereiche von Pflanzen und Tieren ist daher auch am relativ kleinen „Acker" unverzichtbar. Um dies zu fördern, kann Getreide auch in Mischkultur mit anderen Pflanzen angebaut werden. Etwa mit Leindotter (einer Ölpflanze), Erbsen oder Klee. Die Kulturen werden gemeinsam angebaut. In der Jugendphase des Getreides bildet dieses gemeinsam mit dem jungen Klee eine dichte Pflanzendecke, unerwünschte Beikräuter können dazwischen nicht mehr im Übermaß wachsen. In weiterer Folge überdeckt das Getreide den Klee, während dieser in der unteren Etage überdauert und mit den Knöllchenbakterien an seinen Wurzeln Luftstickstoff als Bodenstickstoff bindet. Dieser dient zeitgleich dem Getreide als Nährstoff. Nach der Getreideernte kann der Klee wieder das volle Licht nutzen und sich entfalten. Mit dieser Nutzung bleibt der Boden durchgehend von Pflanzen bedeckt. Dadurch wird die Bodenerosion durch Wind und Wasser minimiert und das Bodenleben geschützt. Die Kulturen Klee/Getreide ergänzen sich in optimaler Form, sowohl in der Wuchshöhe als auch in der Nährstoffkombination.

Distelfalter

Getreidevielfalt für Körper, Seele & Geist

„Du bist, was du isst.“

Bereits Hippokrates prägte den Satz:

„Eure Heilmittel sollen Nahrungsmittel und eure Nahrungsmittel sollen Heilmittel sein.“

Ähnlich kennen wir diesen Denkansatz aus der Traditionellen Chinesischen Medizin (TCM), bei der die Nahrungsmittelwahl auf die Gesundheit und Gesundung des Körpers einen wesentlichen Einfluss hat. Alles, was wir essen, wirkt im Körper.

Dreigliederung von Pflanze und Mensch

Die Anthroposophische Ernährungslehre basiert auf einer grundsätzlichen Dreigliederung des Menschen in das Nerven-Sinnes-System, das Stoffwechsel- und das rhythmische System. Wie der menschliche Körper mit seinen grundlegenden Funktionen können auch die Funktionen der Pflanzen in drei Funktionsbereiche gegliedert werden: Die Aufnahme der Nährstoffe, die Atmung und der Stoffaustausch bilden ein Pendant zu den menschlichen Funktionsbereichen.

Was heißt Anthroposophie?

Anthroposophie bezeichnet eine umfassende Weltanschauung, die den Menschen in seiner Beziehung zur gesamten Umwelt betrachtet. Der Begriff wurde zwar erst von Rudolf Steiner etabliert, aber bereits Goethe, Kant, Hegel dachten in diese Richtung. Rudolf Steiner erweiterte die Basis der Anthroposophie um fernöstliche Lehren und naturwissenschaftliche Erkenntnisse wie beispielsweise die Geomantie.

Gliederung der Pflanze	Pflanzenfunktionen	Elemente / Wesen	Aktivitäten / Körperfunktionen	Funktionssystem	Gliederung des Menschen
Wurzel	Mineralstoff-, Wasseraufnahme	Erde / Mineralien / Kühle	Denken / Verarbeitung der Sinneseindrücke	Nerven-, Sinnes-System	Kopf
Blatt / Stengel	Blattatmung / Chlorophyll	Luft / Wasser	Blutkreislauf / Stofftransport / Vermittlung	Rhythmisches System	Brust
Blüte / Frucht / Samen	Stoffwechsel / Stoffspeicherung / Fortpflanzung / Innenraumausbildung	Feuer / Wärme / Beweglichkeit	Stoffwechsel / Verdauung / Fortpflanzung	Stoffwechsel-, Gliedmaßen-System	Unterleib & Extremitäten

Getreide unterstützt das Denken

Alles, was wir essen, wirkt auf eine bestimmte Art im Körper. Sie kennen die Müdigkeit nach einem allzu üppigen Mahl oder das Gefühl von Leichtigkeit nach einem Kräuter-Einkornreis mit grünem Salat. Darin liegt bereits ein großes Geheimnis des Getreides. Die Wirkungen von Getreide für die einzelnen Körperfunktionen stehen in einem ausgewogenen Verhältnis zueinander und wirken auf Körper, Seele und Geist. Bevor diese Wirkungen im Einzelnen erklärt werden, ist es wichtig, sich den menschlichen Körper und daneben eine vereinfachte Pflanze mit Wurzel, Stängel, Blättern und Blüte vorzustellen. Nun denken Sie sich die Pflanze auf den Kopf gestellt und vergleichen die feinen Haarwurzeln der Pflanze mit den Nerven in unserem Kopf, der Stängel und die Blätter sind unsere Arme und Beine, die Blüte und die Frucht sind unser Stoffwechselsystem und die Fortpflanzungsorgane.
Im Getreide sind besonders die Wurzelkräfte ausgeprägt. Durch die ursächliche Aufgabe der Wurzeln, die Mineralstoffe aus dem Boden für die Pflanze aufzunehmen, unterstützt dies daher auch die mineralischen Prozesse, die beim Denken ablaufen, in besonderem Maße. Für das Gehirn ist auch eine regelmäßige Zufuhr von Kohlenhydraten und Vitaminen des B-Komplexes, die auch in den Randschichten des Getreides vorhanden sind, wichtig. So wird klar, warum besonders bei Kindern Weißmehlprodukte zur Unruhe und Konzentrationsschwäche führen. Es fehlt die ausreichende Zufuhr an Mineralstoffen und Vitaminen. Zusätzlich dient dieser mineralische Aspekt des Getreides besonders in der Wachstumsphase bei Kindern dem Knochenaufbau, der Aufrichtekraft und der Gestaltbildung. Unter Gestaltbildung sind jene Informationen in der Nahrung zu verstehen, die für die Formung der Pflanze verantwortlich sind. Es gibt Pflanzen mit sehr ausgeprägten Formgebungen, dazu zählt das Getreide oder Wurzelgemüse, und es gibt Pflanzen mit geringer Strukturinformation wie bei den meisten Fruchtgemüsearten.

Getreide im Stoffwechsel

Die im Getreidekorn, also in den Samen, enthaltenen Kohlenhydrate, Eiweißstoffe, Mineralstoffe, Vitamine und Enzyme werden in unserer Verdauung zerlegt und umgebaut. Für die Verdauung und den Stoffwechsel ist daher Bewegung das grundlegende Element. Im Darm sorgen die „Ballaststoffe" des Getreides für die entsprechende Bewegung. Das Eiweiß im Getreide dient dem Organaufbau, die „Fette verbrennen im Feuer der Kohlenhydrate". Die abgebaute Stärke wird als Blutzucker ins Blut gespeist und dient in weiterer Folge als Energielieferant für das Gehirn, in den Muskeln und im Hauptstoffwechselorgan, der Leber. Vollwertiges Getreide hat daher einen hohen Stellenwert in der Therapie von Stoffwechselstörungen.

Bewegte Energie

Denken Sie an ein Getreidefeld im Hochsommer und die rhythmischen Bewegungen der Ähren im Wind. Rhythmus vermittelt und bewegt. So wie die Getreidehalme diese Funktionen bei den Getreidepflanzen erfüllen, so dient das Herz-Lungen-System den Bewegungs- und Rhythmusabläufen (Blutzirkulation, Verdauung, Bewegung der Gliedmaßen) im Körper. So wie das Getreide eine besondere Ausstrahlung bei Wind und Sonne erlangt, so wesentlich ist diese im Getreide gespeicherte Energie für die Atmung und den Sauerstofftransport im Körper. Getreide, die besonders kurz gezüchtet wurden und sehr dicht am Feld stehen, können diese Energie nicht mehr speichern, das Sonnenlicht und der Wind können durch den dichten Bestand nicht mehr hindurch. Damit bilden derartige Getreidefelder eine eher steife Einheit, die weniger im Austausch mit der Umwelt stehen und damit weniger Naturenergien (Luft, Sonne, Nährstoffe) aufnehmen können.

Einkorn

Getreide in der (Kinder-)Ernährung

Die Getreidekost ist für unsere Kinder in besonderem Maße wertvoll und unersetzbar. Zehn wichtige Punkte aus der Anthroposophie:

GASTBEITRAG
Christine Saahs,
Ärztin; Kindersprechstunden,
Krems-Stein, www.nikolaihof.at

- Getreide gibt Kräfte für Aufbau, das Wachstum und die Vitalität durch seine ideale Komposition der Nährsubstanzen.
- Der Körper wird in gesundem Maß gefordert, damit er sich auf der anderen Seite „entlasten" kann von der physischen Tätigkeit und Kräfte für das Denken frei werden.
- Getreide ist gut fürs phlegmatische Temperament, da es den eigenen Antrieb und die Formkraft anregt.
- Eine große Aufrichtekraft (Halm und Ähre wachsen der Sonne entgegen) wird vermittelt.
- Getreide macht besonders stark durch die Umwandlung von hochwertigster Stärke in Zucker.
- Wahre Gesundheits- und Lebenskräfte können gebildet werden.
- Willenskräfte und die Wahrnehmungsfähigkeit werden gestärkt.
- Als Langzeitenergiespender für unser Gehirn erhöht Getreide die Leistungs- und Konzentrationsfähigkeit.
- Getreide tut dem Körper gut und unterstützt das Immunsystem.
- Ein gesunder Nahrungsinstinkt kann sich entwickeln.

Was steckt in gutem Getreide?

Nur eine hohe Nahrungsqualität ermöglicht eine gesunde Ernährung. Was aber macht die Qualität von Getreide aus?

In vielen Untersuchungen wurde nachgewiesen, dass in biologisch produziertem Getreide mehr Vitamine und Mineralstoffe enthalten sind als in konventionell erzeugtem. In den besonders wertvollen Randschichten des Biogetreides sind in der Regel auch weniger Mykotoxine vorhanden. Inhaltsstoffe stehen immer in Relation zur Qualität des Bodens. So bildet die biologische und biodynamische Wirtschaftsweise die Grundlage für gesundes, nährstoffreiches Getreide.

Wichtige Inhaltsstoffe von Getreide

Inhaltsstoffgruppe	Inhaltsstoffe	Wirkung im Körper
Mineralstoffe/ Spurenelemente	Mangan	Wichtiger Enzymbestandteil, unterstützt Aufbau von Bindegewebe
	Kupfer	Wichtiger Enzymbestandteil, wichtig für die Blutbildung
	Molybdän	Wichtiger Enzymbestandteil, wichtig für Sauerstoffbindung
	Kobalt	Bestandteil von Vitamin B_{12}
	Eisen	Wichtig für Aufnahme und Transport von Sauerstoff
	Magnesium	Aktiviert Enzyme, wichtig für Energiestoffwechsel und Muskelkontraktion
	Kalium	Wichtig für Nervenfunktion und Wasserhaushalt
	Natrium	Wichtig für Muskelfunktion und Wasserhaushalt
	Kalzium	Baustein von Knochen und Zähnen, wichtig für Nervenfunktion und Blutgerinnung
	Phosphate	Wichtig für Energiestoffwechsel und Knochenbildung
	Silizium	Unterstützt die Bildung und Erhaltung von Bindegewebe, Knochen, Haaren und Sehnen
	Chlor	Wichtig für den Wasserhaushalt
	Zink	Enzym- und Hormonbestandteil, wichtig für Abwehrkraft und Leistungsfähigkeit
	Selen	Wichtiger Enzymbestandteil
Vitamine	B_1, B_2, B_6	Wichtig für Kohlenhydratstoffwechsel und Nervenfunktion
	A	Wichtig für Wachstum und Genexpression, beugt Nachtblindheit vor
	D_3	Für kräftige Zähne, Knochenbau, Nervenfunktion
	E	Beugt Arteriosklerose und Entzündungen vor
	K	Wichtig für Knochenbildung, Blutgerinnung und Wundheilung
	Panthothensäure	Wichtig für Nerven, beugt Entzündungen vor
Essenzielle Aminosäuren	Phenylalanin, Tyrosin, Methionin, Isoleucin	Nervenstoffwechsel

Inhaltsstoffe von Getreide

• Kohlenhydrate
Getreide besteht zum überwiegenden Teil (60–70 %) aus Kohlenhydraten in Form von Stärke. Diese Stärke wird vom Körper bei der Verdauung in Zucker umgewandelt und dient damit als „Basistreibstoff". Damit dieser Treibstoff nicht zu schnell erzeugt wird und in seiner Wirkung dann verpufft, ist es wesentlich auch die in den Randschichten des Getreidekorns enthaltenen Ballaststoffe (8–14 %) zu genießen. Dadurch wird die Verdauung angeregt.

• Eiweiß
Je nach Getreideart, Sorte, Düngung und Klima ist der Eiweißgehalt von Getreide unterschiedlich und liegt bei 10–20 %. Vom Eiweißgehalt (Kleberprotein) hängt unter anderem die Backfähigkeit des Mehls ab. Getreide zählt weltweit zu den wichtigsten Eiweißlieferanten – rund 45 % des weltweit verzehrten Proteins stammt aus Getreide.

• Fett
Der Fettgehalt bei Getreide ist mit 2–9 % sehr gering. Getreidefett ist reich an mehrfach ungesättigten Fettsäuren.

• Vitamine und Mineralstoffe
Der Vitamin- und Mineralstoffgehalt wird einerseits durch die Getreideart beeinflusst, aber auch sehr stark während des Wachstums. Dabei spielt die Anbauregion, der Boden, die Witterung und der Erntezeitpunkt eine Rolle. An Vitaminen sind in Getreide vor allem Vitamin E, Vitamine der B-Gruppe und Betacarotin (Vorstufe von Vitamin A) zu finden. Bei den Mineralstoffen und Spurenelementen sind besonders Kalzium, Kalium, Magnesium, Eisen, Mangan, Kupfer, Zink, Chrom und Selen zu erwähnen.

Genusswert von Getreide

Getreide wurde bisher in der Genusswelt vor allem in Form von Brot wahrgenommen. Die Zeit für neue Geschmackserlebnisse beim Getreide scheint nun da zu sein. Nach Dinkel erobern nun auch Einkorn und weitere Spezialgetreide die Gourmetwelt. Nicht nur die Anzahl der verfügbaren Getreidearten ist gestiegen, sondern auch die Produktvielfalt und die Attraktivität von Getreide. Die verschiedenen Getreidearten und -produkte haben den Weg in die Gourmetküchen und in die Spitzengastronomie gefunden.

Ökologischer Wert

In der biologischen Landwirtschaft wird bereits beim Getreideanbau gänzlich auf synthetische Dünge- und Pflanzenschutzmittel verzichtet. Darüber hinausgehend arbeiten viele Biolandwirte bereits pfluglos. Damit können die Bodenstruktur und das Bodenleben zusätzlich gefördert werden. In der biologisch-dynamischen Landwirtschaft werden Pflanzenpräparate eingesetzt und die kosmischen Rhythmen beim Anbau, der Pflege und bei der Ernte berücksichtigt. Der sorgsame Umgang mit dem Getreide ist in der weiteren Verarbeitung wesentlich. Verarbeitungsmethoden, die die Nahrungsmittel grundlegend verändern, sind in der biologisch-dynamischen Produktion nicht zugelassen. So wird etwa durch den Extrusionsprozess (z. B. bei Getreidepops oder Quellmehl) das innere Gefüge des Getreides massiv verändert und kann in der Ernährung keine ganzheitliche Funktion mehr übernehmen.

Ökonomischer Wert

Mit der Verarbeitung und Vermarktung landwirtschaftlicher Produkte im Produktionsgebiet werden die regionale Wertschöpfung gesteigert und die dafür erforderlichen Arbeitsplätze

in der Region gehalten. In kleinen und mittelgroßen Lebensmittelfachbetrieben besteht zudem die Möglichkeit von lockeren oder intensiveren Kundenbeziehungen bis hin zu Produzenten-Konsumenten-Kooperationen. Damit entsteht auch eine Basis für gegenseitige Verantwortung und Verständnis für ehrliche Produkte und faire Preise.

„Spezialgetreide aus heimischer Biolandwirtschaft" ist in diesem Sinne ein Synonym für Regionalität, ökologischen Anbau, Nachhaltigkeit, wirtschaftliche Selbstständigkeit, Pflanzengesundheit, Nahrungsqualität, Transparenz und soziale Fairness.

PERSÖNLICHES

Unabhängigkeit ist uns wichtig

Alte Getreidesorten anzubauen, so wie wir es auf dem Meierhof tun, hat für uns mehrere wirtschaftliche Aspekte. Vor über zehn Jahren machten wir uns auf die Suche nach alternativen Feldkulturen. Wir wollten uns einerseits nicht in die Abhängigkeit von Saatgut- und Vermarktungskonzernen begeben und andererseits Kulturen anbauen, die in unser Anbaugebiet passen. Mit Unterstützung des auf die Erhaltung alter Sorten spezialisierten Vereins Arche Noah, von Nancy Arrowsmith, bekannt als Gründerin der Zeitschrift „Kraut und Rüben" und dem auf Getreide spezialisierten Forscher Heinrich Grausgruber der Universität für Bodenkultur in Wien, spezialisierten wir uns auf „seltene Getreidearten". Mit dem Aufbau einer eigenen Vermarktungsschiene bleibt die Wertschöpfung für die Verarbeitung und Verpackung am Betrieb und in der Region. Spezialgetreide bietet uns so die Möglichkeit zur wirtschaftlichen Selbstständigkeit.

GASTBEITRAG

Elisabeth Ruckser, Gourmetjournalistin und Leiterin von Slow Food Thayatal, www.slowfoodaustria.at

Geschmacksvielfalt und Genuss

Genuss hat für mich oft mit Erinnerung an die Kindheit zu tun: Paradeiser wie damals – frisch von der Staude in Nachbars Garten, Marillen direkt von Onkel Emils Baum oder ein Butterbrot mit Schnittlauch von der Oma. Unverfälschter Geschmack, pur, intensiv. Geschmack, der von Diversität lebt, von Kräutern auf der Fensterbank, von alten Apfelsorten oder von Kartoffeln in all ihrer wunderbaren Geschmacks- und Sortenvielfalt. Darüber hinaus geht es, neben dem schönen Aspekt des Genießens, noch um viel mehr: etwa um Gesundheit oder um Verantwortungsbewusstsein – gegenüber der Umwelt ebenso wie gegenüber zukünftigen Entwicklungen. Allein im Laufe der letzten Jahrzehnte sind rund 300 000 Gemüsesorten für immer von unserer Erde verschwunden. Lebensmittel, die unter den heutigen marktwirtschaftlichen Bedingungen nicht überleben konnten und deren Geschmack unwiederbringlich für uns verloren ist. Non-Profit-Organisationen wie Slow Food setzen sich daher unermüdlich für die Entwicklung eines entsprechenden Bewusstseins zu Themen wie Biodiversität und Geschmackskultur ein – nicht zuletzt deshalb, damit es auch für kommende Generationen noch Erinnerungen an den „Geschmack der Kindheit" geben kann.

Lebenskraft

Sie haben schon an anderen Stellen in diesem Buch den Hinweis auf die dynamischen Lebenskräfte der Pflanzen gefunden. Rudolf Steiner hat sich mit diesen dynamischen Abläufen der Lebenskräfte beschäftigt. Ein Teil dieser Abläufe betrifft die Stellung der Pflanze im Kreislauf der Natur und des Jahres: das Einnehmen des optimalen Platzes (z. B. auf welchem Feld welche Pflanzen angebaut werden) zum idealen Zeitpunkt (z. B. Herbst oder Frühjahr, welche Woche, welcher Tag) und damit das in diesem Moment ideale Entfalten der eigenen inneren Kräfte (der Pflanze) im Zusammenspiel mit den äußeren Kräften (der Natur). So gestaltet die Natur die Pflanze, und im Gegenzug gestaltet und entwickelt die Pflanze ihr Umfeld, sie verändert aktiv den Boden, seine Zusammensetzung auf chemischer Ebene ebenso wie die Aktivität der Mikroorganismen und des Wassers im Boden. Eine (möglichst) vollendete Symbiose ist hier gesucht, die Pflanze ist ein kompetenter Partner des Bodens. Im konventionellen Landbau wird in diese Kreisläufe eingegriffen, dem Boden wie der Pflanze wird die Kompetenz abgesprochen und entzogen, sich um die nötigen „Arbeiten" selbst zu kümmern, ganz im Gegenteil, von außen werden Nährstoffe zugeführt und Umwelteinflüsse „beseitigt", damit sich die Pflanze „nur um das Wachsen" kümmern muss. Logischerweise ergeben Boden und Pflanze, die selbst die Kapazität haben, ihr Leben zu gestalten, ein kräftiges, gesundes, stabiles Paar ab; diese „Qualitäten" werden in der Ernährung auch weitergegeben, sie integrieren den Menschen in diese Kreisläufe des Lebens.

Die innere Qualität sichtbar machen

Das Morphogenetische Zentrum in Wien arbeitet mit der Magnesiumsulfatkristallisation, um die inneren Kräfte von Getreide sichtbar zu machen. Dabei dient das Wasser als Informationsträger. Es übernimmt bei intensivem Kontakt mit Getreide, Erde oder anderen Materialien deren Kräfteverhältnisse. Anschließend wird das so mit Informationen angereicherte Wasser mit Magnesiumsulfat zur Kristallisation gebracht und die „innere" Qualität des Getreides wird sichtbar. Auf dieser Seite sind zwei Kristallisationsbilder von Frühjahr und Winter von Einkorn vom Meierhof zu sehen.

Das Kraftverhältnis Urgetreide zum derzeitigen konventionellen Getreide ist wie Sonne zu Kerze.

GASTBEITRAG
Thomas Steinmann,
Morphogenetisches Zentrum Wien,
www.morphogenetisches-zentrum.at

Im Frühjahr zur Anbauzeit zeigt das Kristallisationsbild den Kräfteaufstieg in der Pflanze.

In der Ruhepause des Winters zeigt das Kristallisationsbild das Einfalten, Für-den-Winter-Verschließen und Bewahren der Kräfte.

Klein, aber oho!
Getreide aus Sicht der TCM

Was fordert der stressige Alltag von uns? Alles, was ein kleines Getreidekorn zu bieten hat: Ein starkes Immunsystem, Kraft und Ausdauer, aber auch rein optisch sollte es was hergeben. Getreide liefert uns von allem etwas: Eisen für das Immunsystem und schöne Nägel, Magnesium für Muskeln und Herz, B-Vitamine für starke Nerven und schöne Haut. Außerdem ist Getreide ein wertvoller Energielieferant für Kraft und Ausdauer. Das Angebot an Getreidesorten ist vielfältig: Dinkel, Hafer, Roggen, Gerste, Buchweizen, Hirse oder alte Weizensorten wie Emmer oder Einkorn. Im Vergleich zu Weißmehl enthalten ganze Getreidekörner oder auch Getreidereis wesentlich mehr Nährstoffe und sind zu bevorzugen. Aus Sicht der Traditionellen Chinesischen Medizin hat Getreide mit seinem süßlichen Geschmack, seiner gelben Farbe und seinem größtenteils neutralen Temperaturverhalten vor allem eine die Mitte (Milz und Magen) stützende Wirkung. Als Grundnahrungsmittel spendet es nicht nur Qi (Energie/Kraft), sondern hilft auch, die Säfte zu vermehren.
Getreide wird präventiv, aber vor allem auch therapeutisch bei Verdauungsproblemen, Trägheit, Müdigkeit und Kraftlosigkeit eingesetzt.

GASTBEITRAG
Claudia Nichterl,
Ernährungswissenschaftlerin,
Ernährungsberaterin nach TCM,
www.essenz.at,
Wien

Dinkel-Maroni-Creme mit Himbeeren

(Rezept von Claudia Nichterl)

Zutaten für 2–3 Portionen
90 g Dinkelgrieß, 500 ml Wasser,
2 EL Schlagobers, 60 g Kastanienreis,
2 EL Ahornsirup oder Honig,
100 g Himbeeren, Zitronenmelisse zum Garnieren

Zubereitung
Wasser in einem Topf aufkochen. Dinkelgrieß mit dem Schneebesen einrühren, kurz aufkochen lassen und dann auf kleinster Flamme 2–3 Minuten köcheln lassen. Grießbrei vom Herd nehmen. Schlagobers und Kastanienreis einrühren, mit Ahornsirup oder Honig süßen und noch etwas ziehen lassen. Dinkel-Maroni-Creme in Schüsseln anrichten. Himbeeren darauf verteilen und mit Zitronenmelisse garniert servieren.

Emmer-Cocktail mit Wildobst

Zutaten
100 g Emmerreis, 200 ml Wasser,
1 Prise Steinsalz, 100 g Kreuzdornbeeren, 100 g Schlehdornbeeren,
4 EL Weintraubenbalsam oder Apfelbalsam, 4 EL Traubenkernöl,
frische Minzeblätter

Zubereitung
Den Emmerreis in das kochende Salzwasser einrühren, 15 Minuten leicht köcheln lassen, in eine Schüssel geben und auskühlen lassen. Mit Balsamessig und Traubenkernöl abschmecken, die gewaschenen Beeren untermischen und in Cocktailgläsern mit Minzeblättern anrichten.
Dieses Gericht bei Raumtemperatur servieren, dann entwickelt sich der Geschmack besonders fein.

TIPP
Je nach Jahreszeit können auch andere Beeren verwendet werden.

Hafer-Wraps mit mariniertem Gemüse

Zutaten

Teig: 150 g Haferschrot (fein), 2 Eiklar, 1 Eidotter, 20 ml Wasser, 1 Prise Steinsalz

Fülle: 1 Senfkohl (alternativ: würzige Kresse, Rucola), 250 g Karotten und Rüben (z. B. violette Karotten, Pastinaken, Petersilienwurzel, Mairüben), 2 EL Weinessig, 2 EL Hanföl, 1 Prise Steinsalz

Zubereitung

Für den Teig die Zutaten zu einem glatten, mittelfesten Teig verkneten und 30 Minuten rasten lassen.
Das Wurzelgemüse und den Senfkohl in feine Streifen schneiden, kurz vor dem Füllen der Wraps marinieren.
Anschließend den Teig noch einmal gut durchkneten, mit dem Nudelholz oder mit der Nudelmaschine 3 mm dick ausrollen. In Quadrate schneiden und leicht bemehlt bei mittlerer Hitze in einer Pfanne ohne Fett 1,5 Minuten beidseitig goldgelb backen.
Am besten schmecken die Wraps frisch aus der Pfanne.

Brotspieß

Zutaten

10 Einkornbrotmuffins Mini (Rezept Seite 82), 5 Scheiben Rindersaftschinken, 5 Scheiben Gouda, 10 Cocktailtomaten, 1 grüner Paprika (in Quadrate geschnitten), 10 Partyspieße

Zubereitung

Brotmuffins, Schinken- und Goudascheiben halbieren. Schinken und Käse zu Rollen formen und gemeinsam mit den Tomaten und Paprikastücken zwischen den Brothälften aufspießen.

Einkorn-Knuspersonnen

(Foto auf Seite 9)

Zutaten

80 g Einkornreis, 1 Prise Steinsalz, 160 ml Wasser, 60 g Bergkäse oder Parmesan (gerieben)
12 Holzspieße

Zubereitung

Den Einkornreis in kochendes Salzwasser einrühren und bei schwacher Hitze unter mehrmaligem Umrühren zugedeckt weich dünsten.
Auf ein mit Backpapier belegtes Backblech vier Spieße auflegen, an je einem Spießende den gekochten Einkornreis kreisförmig (6 cm) dünn aufstreuen. Mit fein geriebenem Käse und anschließend noch mal mit Einkornreis bestreuen. Bei 180 °C etwa 10 Minuten goldgelb trocknen. Anschließend auskühlen lassen und erst dann vom Papier nehmen. Diesen Vorgang mehrmals wiederholen.

Tipp

Ein ideales Partygericht: lässt sich perfekt vorbereiten, sieht toll aus, schmeckt toll und lässt sich ohne Besteck und Teller essen.

Getreidevielfalt für die Küche

Aufbau des Getreidekorns

Das Getreidekorn umschließt durch mehrere Schichten den Mehlkörper und den Keimling. Die Vitamin-, Mineral- und Nährstoffverteilung ist dabei nicht gleichmäßig, sondern liegt je nach Funktion in der Pflanze in anderen Bereichen des Korns.
Das Getreidekorn wird von den Spelzen umgeben. Diese Hüllblätter sind je nach Getreideart unterschiedlich ausgebildet. So umschließen diese Hüllen bei der Spelzgerste das Korn ganz fest, sind teilweise miteinander verwachsen, bei Einkorn, Emmer und Dinkel liegt das Korn zwar lose in der Spelzhülle, jedoch sind die Hüllblätter eng geschlossen. Beim Roggen befinden sich die Körner bereits an der Ähre zur Hälfte außerhalb der Hüllblätter. Die Hüllblätter oder Spelzen werden als Futter und Einstreu oder besonders jene von Dinkel, Emmer und Einkorn als Füllmaterial für Pölster und Matten verwendet. Dabei ist darauf zu achten, dass keine Kornbestandteile mehr enthalten und die Spelzen gut entstaubt sind. So kann einem Schädlings- und Schimmelbefall (trocken lagern!) vorgebeugt werden. Bei einem jährlichen Wechsel sind diese Pölster auf jeden Fall solchen aus Polystyrol vorzuziehen.
Die äußeren, das gesamte Korn umhüllenden Schichten werden Frucht- und Samenschale genannt und bilden gemeinsam mit der Aleuronschicht die landläufig als Kleie bekannten Bestandteile.
Die innere Fruchtschale, die Samenschale und die Aleuronschicht weisen mit 5–24 % die höchsten Mineralstoffgehalte des Korns auf. Der Mehlkörper enthält lediglich 8–16 % Eiweiß (nach innen abnehmend) und keine nennenswerten Gehalte an Mineralstoffen und Vitaminen. In der Aleuronschicht steigt der Eiweißgehalt bis auf 38 %. Diese Schicht ist auch verantwortlich für den Schutz des Mehlkörpers und ist wasserundurchlässig. Die Aleuronschicht enthält besonders viele Enzyme und Vitamine.
Mineralstoffe, Vitamine und sekundäre Pflanzenhilfsstoffe sind vorwiegend im Keimling und in der Frucht- und Samenschale enthalten und damit in jenen Teilen des Korns, die im Weißmehl nicht enthalten sind.
Der Keimling ist der wichtigste Teil des Korns und für die Ernährung der gehaltvollste. Der Keimling enthält etwa 10 % Fett sowie 26 % Eiweiß und ist damit anfällig für Verderblichkeit. Solange das Korn trocken und kühl gelagert wird und unverletzt ist,

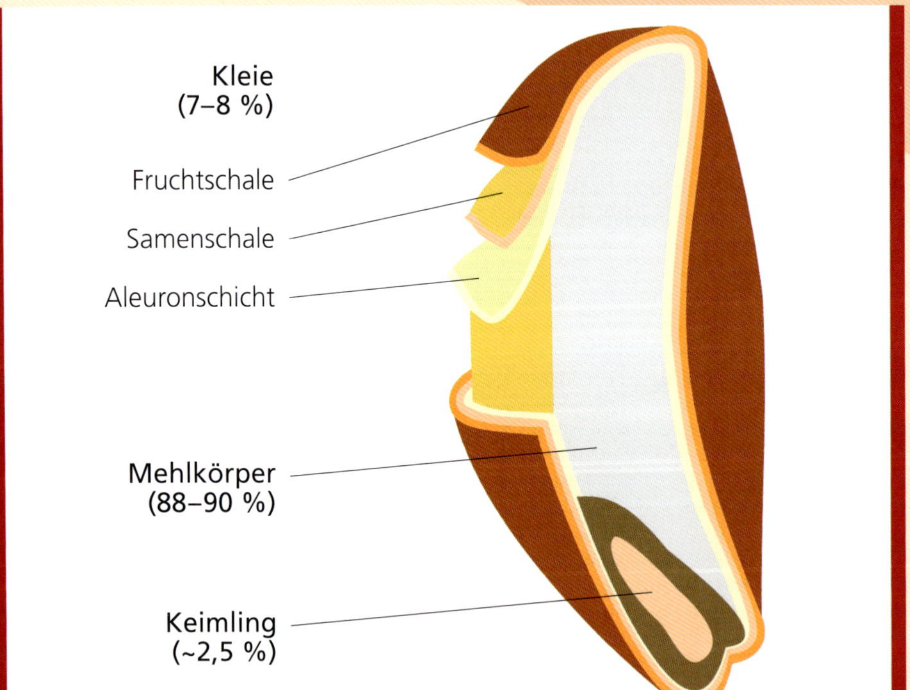

Querschnitt eines Getreidekorns

besteht dieses Risiko nicht. In konventionellen Müllereiprodukten wird der Keimling von den Mehlprodukten getrennt, um die Haltbarkeit des Mehls zu erhöhen. Vollkornmehle sind dagegen in der Lagerfähigkeit begrenzt und sollten so frisch wie möglich verwendet werden. Die beste Vitalkraft hat Vollkornmehl gleich nach dem Mahlen. Die maximale Lagerfähigkeit für unbehandeltes Vollkornmehl liegt bei etwa 2–4 Monaten.
Das ganze Korn enthält, je nach Getreideart, Anbaugebiet, Boden- und Bewirtschaftungsqualität unterschiedlich hohe Mengen an Vitaminen, Mineralstoffen, essenziellen (lebenswichtigen) Aminosäuren, Enzymen und sekundären Pflanzenhilfsstoffen.

Tipp

Wenn Sie keine Getreidemühle haben, überlegen Sie sich eine anzuschaffen oder lassen Sie Ihr Mehl im Bioladen frisch mahlen. Beim Kauf einer Getreidemühle am besten gleich ein Modell wählen, das kombiniert ist mit einer Flockmaschine. Damit haben Sie die Garantie für frisches Vollkornmehl und frische Flocken. Zusätzlich sparen Sie langfristig Geld, da Getreide billiger als Mehlprodukte sind.

Bergweizensuppe mit Kartoffelstangen

Zutaten

Suppe: 1 kleine Petersilienwurzel, 1 kleine Stange Lauch, 2 EL Distelöl, 150 g Bergweizenreis, 750 ml Wasser, 1 Prise Steinsalz

Kartoffelstangen: 1 Pkg. Dinkelstrudelblätter (aus dem Kühlregal), 200 g mehlige Kartoffeln (gekocht und heiß passiert), 1 Eidotter, 1 Prise Steinsalz, 1 Ei zum Bestreichen, ¼ Chilischote (fein gehackt), Butter zum Bestreichen

Tipp

Das in der Suppe gekochte Getreide zu Aufstrich (Rezept Seite 36) verarbeiten.

Zubereitung

Petersilienwurzel schälen, in kleine Würfel schneiden, Lauch ringelig schneiden und in Öl anschwitzen. Den Bergweizenreis dazugeben, ebenfalls kurz anschwitzen, mit Wasser aufgießen und 1 Stunde leicht köcheln lassen. Die Suppe abseihen; mit Salz abschmecken.
Die gekochten, passierten Kartoffeln überkühlen lassen, mit Eidotter und Salz mischen, in einen Dressiersack mit kleiner Tülle füllen. Die Strudelteigblätter in 10 x 10 cm große Quadrate schneiden. Die Masse auf einer Kante der Strudelteigstücke aufspritzen. Den Rand mit Wasser bepinseln, zu dünnen Stangen aufrollen, die Enden zudrücken, mit Ei bestreichen, mit fein geschnittenem Chili bestreuen und im Backrohr bei 180 °C 10 Minuten goldbraun backen.

Getreide richtig lagern

- Getreide muss trocken gelagert werden und darf niemals in einem verschlossenen Gefäß in der Sonne stehen oder großer Wärme ausgesetzt sein.

Lagerung im Einmachglas

- Getreide ist ein Lebensmittel und benötigt Luft zum „Atmen". Um das Getreide gleichzeitig vor Fraßschädlingen wie Motten oder Getreidekäfern zu schützen, ist die beste Lagerung in einem doppelten, noch besser dreifachen Papiersack. Dieser muss immer gut zugebunden werden. Kurzfristig kann Getreide auch in Klappverschlussgläsern aufbewahrt werden. In derart dichten Behältern sollten jedoch nur kleinere Mengen und nur maximal vier bis sechs Monate gelagert werden. Dabei die Gläser dunkel aufbewahren.
- Um sicherzugehen, dass keine Schädlinge im Getreide sind und es nicht „zu leben anfängt", können Sie dieses tiefkühlen. Dazu das Getreide in einen sehr dichten Behälter geben oder Vakuum verschließen und drei Tage bei minus 25 °C tiefkühlen. Die Behälter erst nach dem vollständigen Auftauen öffnen, damit das Getreide beim Auftauen keine zusätzliche Feuchtigkeit aufnehmen kann.
- Ganzes Korn kann bei sachgerechter Lagerung zwei bis drei Jahre gelagert werden. Schonend geschliffenes Getreide etwa ein Jahr. Die Lagerzeit ist dabei in Abhängigkeit von der Verletzung des Keimlings und dem Feuchtigkeitsgehalt, da die schützende Hülle (Kleie) das Korn nicht mehr zur Gänze umschließt.

Getreide wird selten als ganzes Korn verwendet. Die Körner werden meist in irgendeiner Art und Weise vorbereitet. Dies vor allem, um den Verdauungsprozess zu erleichtern. Es gibt küchentechnisch verschiedene Möglichkeiten, die ganzen Körner für die Verdauung vorzubereiten. Dazu zählen das Einweichen, das Darren und das Keimen.

Einweichen

Einweichen ist eine einfache Methode, Getreide vorzubereiten. Wichtig dabei ist, das Getreide einmal gut durchzuwaschen und anschließend zugedeckt bei Zimmertemperatur quellen zu lassen. Roggen, Weizen und Gerste können zwischen drei und zehn Stunden eingeweicht werden. In dieser Zeit beginnen die Enzyme im Getreide aktiv zu werden. So werden beispielsweise durch das Enzym Phytase die Mineralstoffe besser verfügbar gemacht. Hafer muss nicht eingeweicht werden, und wenn, dann nicht länger als zwei Stunden, da er beim Quellen bitter werden kann. Anschließend das Getreide abseihen (das Quellwasser kann weiterverwendet werden, z. B. zum Aufgießen) und Weiterverarbeiten. Sie können das Getreide kochen (Weizen, Roggen etwa 60 Minuten) oder weiterkeimen.

Keimen

Als Keimung wird grundsätzlich die erste Phase des Wachstums mit der Bildung der ersten kleinen Wurzelsprossen (bis zu ~10 mm) verstanden. Je nach Pflanzenart und Umweltbedingungen findet dieser Prozess innerhalb mehrerer Stunden bis Tage statt. Getreide wird zwischen ein und drei Tagen gekeimt und anschließend verwendet.

Als Sprossen bezeichnet man in der Regel die Weiterentwicklung des Keims, vor allem bei Hülsenfrüchten. Mungbohnensprossen sind etwa 5 cm lang.

Während des Keimens werden durch die Enzyme die Inhaltsstoffe umgewandelt und multipliziert. Vitamine und Hormone vermehren sich, neue werden gebildet und komplexe organische Verbindungen in eine leichter aufnehmbare Form gebracht. Mit der Keimung kann Vollkorngetreide zu einem besonders hochwertigen Nahrungsmittel werden. Aus Keimen können Sie leckere Imbisse und Speisen zubereiten.

Getreide kann auch zu Getreidegras (zwölf Tage) weitergezogen und entsaftet werden.

Getreidekeimlinge ansetzen

- **Prüfen der Getreidequalität**
  Verwenden Sie zum Keimen nur frisches Getreide. Grundsätzlich eignen sich besonders: Weich- und Hartweizen, Nacktgerste, Nackthafer, Roggen und bei entsprechender Qualität auch Einkorn, Emmer und Dinkel. Prüfen Sie das Getreide auf verletzte und gebrochene Körner und entfernen Sie diese möglichst vollständig.

- **Einweichen**
  Waschen Sie das Getreide in stehendem Wasser gut durch, eventuell aufschwimmende Schmutzteile können so leicht abgeschöpft werden. Das Korn noch mal durchwaschen und mit sauberem Wasser 5–10 Stunden quellen lassen. Das Einweichwasser anschließend ableeren und als Blumengießwasser verwenden (nährstoffreich), das Getreide in einem Keimlingsgefäß an einem warmen Ort aufstellen. Die Keimlinge und das Keimlingsgefäß zweimal täglich abspülen und wieder abdecken.
  Je nach Geschmack können die Keimlinge in den ersten drei Tagen verwendet werden.

Gekeimtes Einkorn

Veränderung der Inhaltsstoffe bei Hafer (nach 5 Tagen)

Vitamin	Zunahme der Inhaltsstoffe
B_1	plus 500 %
B_2	plus 1350–2000 %
Niacin	plus 500 %
Panthothensäure	plus 200 %
B_6	plus 500 %
Folsäure	plus 600 %
C	plus 600 %

Quelle: Nöcker R.-M., 2004, Seite 120

Keimlingsaufstrich mit Wildkräutern

Zutaten

150 g Bergweizen (gekeimt), 1 Handvoll Wildkräuter (z. B. Vogelmiere, Sauerampfer, Schafgarbe, Borretsch, Melisse), 100 g Frischkäse, 1 Prise Steinsalz

Zubereitung

Die Bergweizenkeimlinge in einem Mixglas mit den Kräutern mixen. Den Frischkäse mit einer Gabel locker unterrühren. Bei Bedarf etwas salzen.

Brot mit Salataufstrich und Haferkeimlingen

Zutaten

30 g Nackthafer (gekeimt), 2 Häuptel Salat, 2 EL Sonnenblumenöl, 1 Schalotte, 1 Prise Steinsalz, 1 Handvoll frische Kräuter (z. B. Petersilie, Schnittlauch, Basilikum)

Zubereitung

Die äußeren Blätter beim Salat entfernen, den ganzen Salatkopf kurz in einem Topf mit kochenden Wasser blanchieren und in kaltem Wasser abschrecken, gut ausdrücken, Strunk entfernen und sehr fein schneiden. Die Schalotten in Öl kurz andünsten, den geschnittenen Salat beifügen und kurz erhitzen. Mit geschnittenen Kräutern und Steinsalz verfeinern. Den Aufstrich auf dem vorbereiteten Brot anrichten und mit frisch gewaschenen Keimlingen ergänzen.

TIPP

Das Brot vor dem Anrichten kurz in der Pfanne knusprig braten/toasten und warm mit dem Salataufstrich und den Keimlingen servieren. Dann bekommt das Gericht einen richtigen Kick!

Darren

Die wohl bekannteste Form des Darrens wird beim Mälzen der Braugerste vorgenommen. Aber auch Dinkel wird gedarrt, es entsteht das sogenannte Grünkern. Das Grundprinzip des Darrens ist, dass angefeuchtetes und angekeimtes Getreide bei mäßiger Hitze (~60–80 °C) getrocknet wird. Wird das Getreide vor dem Darren angekeimt, verwandeln die Enzyme Alpha- und Beta-Amylase die im Korn enthaltene Stärke in Dextrin und Maltose; das Getreide wird süß.

Das Darren ist auch eine traditionelle Zubereitungsart für Getreide im Alpenraum. Da in diesen Regionen das Getreide früher nicht gänzlich abtrocknen konnte, musste es nachgetrocknet werden. Dies erreichte man durch Darren. Das Getreide wurde dazu in Öfen bei 50–100 °C geröstet. Manche Getreide können so als Knabberkorn gegessen werden (Gerste, Emmer). Werden die Körner anschließend gemahlen, können daraus besonders aromatische Speisen gekocht werden. Mus (Tirol) oder Sterz (Steiermark) wurde und wird wieder aus gedarrtem Roggen- oder Weizenmehl hergestellt und diente unter Beigabe von viel Schmalz früher den Holzfällern und Landarbeitern als Kraftnahrung.

Tipp

Bei gedarrtem Getreide lässt sich die Kleie feiner vermahlen!

PERSÖNLICHES

Die traditionelle Weihnachtsspeise meiner Kindheit im Alpenvorland bestand mittags aus Rahmsuppe mit Mehlsterz. Der Einfachheit halber wurde bei uns das Mehl trocken in der Pfanne gelindet, anschließend in eine feuerfeste Schüssel gesiebt, gesalzen und die gleiche Menge kochendes Wasser rasch dazugegeben, mit einer Gabel grob durchgerührt und in einer Pfanne mit ausreichend Butter knusprig gebraten; serviert wurde mit Rahmsuppe.
Meine Südtiroler Freunde bevorzugen anstatt des Sterzes das Mus. Dazu eine Eisenpfanne mit Schmalz ausreiben, 1 Tasse Wasser zum Kochen bringen, 1 Liter Milch dazugeben und langsam 150 g gedarrtes Roggenvollkornmehl gemischt mit 1 EL Weizenvollkornmehl einrieseln lassen, 15 Minuten rühren und einkochen lassen, 20 Minuten langsam weiterdämpfen. Mit brauner Butter übergießen, abkühlen lassen und mit Hollerkoch servieren.

Getreidereis

Basierend auf der traditionellen alpenländischen Getreideverarbeitung – dem Graupenschleifen – erlebt der Getreidereis eine neue Popularität. Zu Graupen wurde vorwiegend Gerste geschliffen und als Rollgerste vermarktet. Die dafür verwendete Spelzgerste wird in der Regel vom überwiegenden Teil der Kleie und vom Keimling befreit, wodurch die wichtigsten Nährstoffe des Getreides verloren gehen. Ähnliche Prinzipien finden bei der Herstellung von Perlweizen Anwendung.

Auf dem Meierhof haben wir versucht, einen anderen Weg zu gehen. Das Getreide wird nach dem Prinzip „So viel wie nötig, so wenig wie möglich" geschliffen. Dadurch geht nur ein geringer Teil der Kleie verloren und der Keimling bleibt zur Gänze erhalten. Die äußeren Getreidehüllen werden zwischen Natursteinen angeschliffen und anschließend die dabei

Dinkelreis

entstehenden Feinteile mithilfe einer rotierenden Bürste abgesaugt. Durch diesen Vorgang kann beim Kochen des Getreides das Wasser schneller in den Mehlkörper eindringen und das Korn so bis auf das vierfache Volumen aufquellen. Je nach Getreideart verkürzt sich dadurch die Kochzeit. Getreidereis kann grundsätzlich wie Reis zubereitet werden – mögliche Zubereitungsvarianten:

- **Kochen**
  Den Getreidereis in ausreichend Wasser mit Gewürzen kochen. Wenn das verbleibende Kochwasser nicht für eine Suppe oder Soße gebraucht wird, ist diese Methode nicht zu empfehlen, da ansonsten die Nährstoffe im Kochwasser verloren gehen.

- **Dünsten**
  Den Getreidereis in die doppelte Menge kochendes Salzwasser einrühren und auf mittlerer Hitze köcheln lassen. Besonders Einkornreis muss dabei gelegentlich umgerührt werden, da sich dieser aufgrund der cremigen Konsistenz ansonsten am Topfboden anlegt. Wenn die Flüssigkeit fast vollständig vom Getreide aufgenommen wurde, die Herdplatte abschalten und den Reis zugedeckt nachziehen lassen.

- **Risotto**
  Der Risotto gehört den Italienern. Er ist ein Teil der italienischen Küche und wird kaum sonst irgendwo außerhalb des Landes mit so viel Liebe, Hingabe und Perfektionismus zubereitet. All das braucht ein richtiger Risotto, und es muss ein *Arborio, Vialone, Roma, Carnaroli* sein, ein Rundkornreis mit sehr großen Körnern, eine *brodo* zur Vollendung und ein *Parmigiano grattugiato.* Das Reiskorn muss noch al dente, die Konsistenz cremig und trotzdem leicht flüssig sein! Wenn man Emmer geschliffen, als Getreidereis zu einem tollen Gericht verarbeitet, das Korn leicht al dente, mit cremiger Konsistenz, leicht flüssig zubereitet wie einen Risotto, würde bei einer Blindverkostung keiner feststellen können, dass es Emmer ist, außer dass dieser Risotto nussiger und aromatischer ist. Eine neue Herausforderung für jeden, der gern Risotto zubereitet, dem dieses Ritual in den Knochen steckt.

- **Dampfgarer und Couscoussiere**
  Haben die Berber, die Araber oder die Chinesen das Dampfgaren erfunden? In meiner Studentenzeit in Wien lernte ich das Kochen mit einer Couscoussiere kennen. Diese besteht aus einem Topf mit einem Sieb, das genau auf den Topf passt, und einem Deckel. Im Topf wird traditionell ein Eintopf gekocht

Tipp

Ersatzweise können Sie auch einen Topf mit einem passenden Sieb verwenden oder am Flohmarkt nach einer Couscoussiere suchen.

Kochzeiten von Getreide und Getreidereis

Getreideart	in Stunden: Einweichen/Kochen/Nachquellen		
Einkorn	3	1	3
Emmer	3	1	3
Dinkel	3	1	3
Bergweizen	3	1	3
Nacktgerste	5	1	3
Nackthafer	3	1	3
Waldstaudekorn	8	1	3

Getreidereis	in Minuten: Kochen/Nachquellen	
Einkornreis	15	5
Emmerreis	15	5
Dinkelreis	25	5
Bergweizenreis	20	10
Nacktgerstenreis	30	5
Waldstaudekornreis	35	10

und im Sieb darüber Couscous oder eben Getreidereis. Auf dem gleichen Prinzip basieren unsere nun bekannten Dampfgarer. Je nach Getreideart dämpfen Sie den Getreidereis zwischen 15 und 40 Minuten im Dampfgarer.

- **Garen im „Bett"**
  Besonders schonend können Sie Getreidereis garen, wenn Sie diesen in die doppelte Menge kochendes Salzwasser (eventuell aus dem Wasserkocher) einrühren und anschließend den Topf in eine dicke Decke einschlagen. Der Getreidereis kocht sich quasi „von selbst". Diese Methode hat sich vor allem bewährt, wenn man am Abend für den nächsten Bürotag eine Jause richten möchte. Am Morgen können Sie den Getreidereis beispielsweise als Salat oder Süßspeise mit frischen Früchten (Marmelade) zubereiten.

- **Reiskocher**
  Der Reiskocher funktioniert im Prinzip wie ein elektrischer Dünsttopf. Getreidereis kann sehr gut damit gekocht werden, vor allem auch deshalb, weil je nach Dringlichkeit der Topf entweder nach dem ersten Aufkochen abgeschaltet und geschlossen, auf voller Kochstufe offen gekocht oder auf mittlerer Stufe gedünstet werden kann.

Emmerreis mit Gartenmelde

Zutaten

Emmerreis: 80 g Schalotten (fein gehackt), 200 g grüne und rote Gartenmeldeblätter (junge Triebe, ersatzweise Spinat), etwas Wasser zum Pürieren, 1 EL Butter, 200 g Emmerreis, 60 ml Weißwein (fruchtiger Traminer), 600 ml Wurzelfond (Rezept siehe Seite 53)
2 EL geriebener Hartkäse von Ziege oder Schaf, 1 EL kalte Butterstücke, 1 Prise Steinsalz
Salat: 2 Karotten, 1 Häuptel Salat, 3 EL Traubenkernöl, 2 EL Trauben- oder Apfelbalsamessig

Zubereitung

Schalotten fein hacken, ein Drittel der Gartenmelde fein schneiden und mit etwas Wasser in einem schmalen Gefäß pürieren, sodass ein dickliches Püree entsteht.
Schalotten und Butter im Kochtopf anschwitzen, Emmerreis zugeben, mit Wein ablöschen und unter ständigem Rühren bei mittlerer Hitze eine cremige Konsistenz entstehen lassen. Wurzelfond nach und nach beigeben. Der Reis soll während des Garens leicht cremig bleiben. Karotten raspeln, mit Salat und Gartenmeldeblättern locker mischen und mit Traubenkernöl und Balsamessig marinieren. Risotto mit dem Püree, dem geriebenen Käse und Butter vollenden und mit Steinsalz abschmecken. Risotto anrichten und mit dem Gartenmeldesalat servieren.

Flocken

Industriell hergestellte Getreideflocken sind gedämpfte und gedarrte Getreidekörner, die anschließend zwischen Walzen gepresst werden. Beim Darren werden die fettspaltenden Enzyme inaktiviert, und so können die gequetschten, fetthaltigen Keimlinge bei längerer Lagerung nicht ranzig werden. Natürlich gehen dabei die Enzyme und die Frische des Korns verloren. Unvergleichbar anders schmecken daher Frischkornflocken. Diese können Sie jedoch nur selbst herstellen. Um Getreideflocken selbst zu bereiten, gibt es bereits recht praktikable Lösungen – Flockenquetschen mit Handkurbel oder elektrische Geräte. Die beste Lösung ist für mich ein kombiniertes Gerät mit Getreidemühle. Sehr gut zum Quetschen eignen sich Hafer, Einkorn und Gerste, da diese auch ohne Vorbehandlung beim Quetschen nicht zerbröseln. Härtere Getreidearten wie Emmer,

Frisch gequetschte Getreideflocken

Dinkel, Weich- und Hartweizen sollten einige Stunden in ein feuchtes Tuch eingeschlagen werden, um Ganzkornflocken herstellen zu können. Für das tägliche Müsli oder den Frischkornbrei ist es Geschmackssache, ob die Flocken „ganz oder bröselig" sind.

PERSÖNLICHES

Müsli

Meine Großmutter war Schweizerin, und daher bin ich mit Müsli aufgewachsen. Sie bereitete Müsli aus Haferflocken, geriebenen Äpfeln, Zitronensaft, Joghurt, Milch, Honig, Weintrauben (oder Rosinen) und gehackten Haselnüssen. Heute bereite ich meine Flocken meist mit Apfel- oder Birnensaft und Joghurt oder Buttermilch zu.

Mahlen

Je frischer, desto vollwertiger sind Mühlenprodukte. Oxidationsprozesse setzen unmittelbar nach dem Mahlen ein. Dafür verantwortlich sind in Keimling und Aleuronschicht enthaltene Enzyme, die nach dem Mahlvorgang zu arbeiten beginnen. Durch schonendes Erwärmen kann dieser Prozess verlangsamt werden. Je nach Mühlenbauart, Mahlstein und nachfolgenden Siebvorgängen können Sie unterschiedliche Mühlenprodukte erzeugen.

Mehl

Das häufigste Mühlenprodukt und wohl auch das vielfältigste ist das Mehl. Die Mehlarten unterscheiden sich nach dem Mineralstoffgehalt und nach der Körnigkeit. Der Mineralstoffgehalt, der mit der Type bezeichnet wird, hat jedoch nichts mit der Körnigkeit des Mehls zu tun. In der Typenbezeichnung wird angegeben, wie viel mg Mineralstoffe in 100 g Mehl enthalten sind. Je höher die Typenzahl, desto mehr Mineralstoffe und Kleieanteile sind enthalten. Der Mineralstoffgehalt von Vollkornmehl schwankt je nach Getreideart zwischen 1800 und 2200 mg/100 g. Als Weißmehl beim Weizen gilt Mehl der Type 405–630. Graumehl wird das Mehl zwischen Weißmehl und Vollkornmehl genannt (Type 1050). Als Schrot wird Mehl mit der Type 1700–1800 ohne Keimling verstanden. Die Körnigkeit eines Mehls wird mit glatt, griffig und doppelgriffig (Spätzlemehl, Dunst) unterschieden. In vielen kleinen Abhof-Mühlen wird nach der Maschenweite des Mehlsiebes eingeteilt. Als Vollmehl bezeichnen wir Vollkornmehl, das anschließend über ein Sieb mit 710 µm Maschenweite von der gröberen Kleie getrennt wird. Im Vollmehl ist neben feinem Mehl auch feiner Grieß und feine Kleie enthalten. Je nach Getreideart und Mühle entspricht dies einem Kleieanteil von etwa 5 %. Damit ist jeweils ein Teil der wertvollen Inhaltsstoffe in der Kleie, aber auch im Mehl.

Grieß

In der Haushaltsmühle können Sie den Grießanteil im Mahlprodukt durch den Abstand der Mahlsteine zueinander einstellen. Dann sieben Sie das Feinmehl aus und erhalten eine Grieß-Kleie-Mischung, die sich sehr gut verwenden lässt. Wir nennen dieses Produkt Vollgrieß, da bei professionellen Grießprodukten die Kleie über eine Siebputzmaschine „ausgeblasen" wird.

Korngröße von Grieß und Mehl

Mahlprodukt	Korngröße in µm
Grober Grieß	600–1000
Mittlerer Grieß	475–600
Feiner Grieß	300–475
Dunst	150–300
Mehl	Unter 150

Einkorn-palatschinken

Zutaten
5 Eier, 500 ml Milch, 500 g Einkorn-vollkornmehl, 1 Prise Steinsalz

Zubereitung
Die Eier mit der Milch verquirlen, das Mehl einrühren und mit Salz würzen. Den Teig 15–30 Minuten rasten lassen. In einer Palatschinkenpfanne Teig dünn auftragen und die Palatschinken beidseitig backen.

Tipp

Meine Kinder essen Palatschinken am liebsten mit Marmelade, frischem Obst, Joghurt und/oder Zitrone zum Selbstfüllen. Ich esse diese auch gern mit Tomaten-Chili-Soße, Kräutertopfen oder pur. Versetzen Sie einen Teil des Teiges mit feingeschnittenen Kräutern und schneiden Sie die Palatschinken als Kräuterfrittaten für eine leckere Suppe.

Dinkelquiche mit Gorgonzola und Schafgarbe

Zutaten
Teig: 100 g Butter, 250 g Dinkel-vollkornmehl, 2 Eidotter, 1 Eiweiß, 1 Prise Steinsalz
Belag: 100 g Dinkelreis, 200 ml Wasser, 1 Prise Steinsalz, 1 Bund Jungzwiebel, 200 g Gorgonzola
Überguss: 120 ml Milch, 2 Eier, 2 Eidotter, junge Schafgarbenblätter

Zubereitung
Für den Teig alle Zutaten zu einem glatten festen Teig verkneten und 30 Minuten rasten lassen.
Eine Quicheform (Durchmesser ca. 24 cm) mit Butter und Mehl auskleiden. Anschließend den Teig noch einmal gut durchkneten, flach drücken, mit dem Nudelholz ca. 3 mm dick ausrollen und die Form damit auslegen.
Den Dinkelreis 25 Minuten in Salzwasser köcheln lassen. Jungzwiebel feinringelig schneiden und mit dem Dinkelreis vermischen. Milch, Eier und Dotter verquirlen. Gorgonzola abbröseln.
Den Teig mit der gekochten Dinkelreis-Zwiebel-Mischung bestreuen. Im Rohr bei 180 °C 10 Minuten vorbacken. Mit Eiermilch übergießen, Käse darüberstreuen, weitere 15 Minuten backen.

Grießknödel mit Gurkensalat

(Rezept von Renate Braunsteiner, Japons)

Zutaten

Knödel: 500 ml Milch, 120 g Butter, 220 g Dinkelgrieß, 200 g Dinkelbrotwürfel, 5 Eier, 1 Prise Steinsalz

Salat: 2 Feldgurken, 200 ml Sauerrahm, 2 Knoblauchzehen, 1 Prise Steinsalz, 1 Bund Schnittlauch, Saft einer halben Zitrone

Zubereitung

Milch und Butter aufkochen, Dinkelgrieß einrühren und vom Herd nehmen. Dinkelbrotwürfel, Eier und Salz untermischen.

Die Masse etwa 30 Minuten ruhen lassen, mit feuchten Händen Knödel formen und in siedendes Wasser einlegen, bei geschlossenem Deckel 15 Minuten ziehen lassen.

Die Gurken waschen, der Länge nach vierteln, je nach Geschmack die Kerne herausschneiden, in 3–4 mm breite Stücke schneiden, mit Salz in einer Schüssel mischen, kurz anziehen lassen, den fein geschnittenen Knoblauch, Schnittlauch sowie Sauerrahm und Zitronensaft untermischen.

Die heißen Knödel mit dem frischen Gurkensalat servieren, mit Schnittlauch garnieren.

Zucchinisuppe mit Einkornschöberln

Zutaten

Schöberln: 2 Eiweiß, 1 Prise Steinsalz, 3 EL Einkornkleie, 2 Eidotter

Suppe: 400 g Zucchini (würfelig geschnitten), 1 Zwiebel (grob geschnitten), 2 Knoblauchzehen (grob geschnitten), 1 EL frischer Thymian (fein geschnitten), 2 mehlige Kartoffeln (würfelig geschnitten), 1 l Wasser

Zubereitung

Das Eiweiß mit einer Prise Steinsalz schaumig rühren, die Eidotter und die Kleie vorsichtig unterheben.

Auf einem Blech bei 180 °C (Heißluft) goldgelb 10 Minuten backen.

Kurz überkühlen lassen und in Rauten schneiden.

Für die Suppe die Zucchini, die Kartoffeln, die Zwiebel und den Knoblauch in Sonnenblumenöl anschwitzen.

Den Thymian abrebeln und mit den Stängeln dazugeben. Mit Wasser aufgießen und 20 Minuten kochen.

Die Thymianstängeln aus der Suppe geben. Das Gemüse mit dem Stabmixer kurz pürieren und mit Steinsalz abschmecken.

Die Suppe in Schalen anrichten und mit Thymian und Schöberln servieren.

Kleie

Die beim Aussieben von Vollmehl entstandene Kleie kann in Suppen, Müsli, Knödeln, Schöberln und zum Auskleiden von Kuchen-, Auflauf- und Brotformen verwendet werden.

Tipp

Wenn Sie Haustiere haben, können Sie den Hunden, Kaninchen und Vögeln die Kleie ins Futter mischen und damit die Mineralstoffversorgung aufbessern.

Tipp

Verwenden Sie heimischen Fisch wie Schleie, Karpfen oder Forelle aus biologischer Fischzucht. So können Sie ein hervorragendes Geschmackserlebnis mit ruhigem Gewissen genießen!

Fischfilet in Roggenkleie auf Veltlinerkraut

Zutaten

1 kleines Spitzkraut, 400 g Fischfilets (z. B. Schleie, Karpfen, Forelle), 1 Prise Steinsalz, 50 g Roggenkleie (grob), 4 EL Distelöl, 2 EL Butter, 100 ml Wasser, 1 Prise Steinsalz, 60 ml Weißwein (Frühroter Veltliner)

Zubereitung

Das Kraut in spitze, grobe Stücke schneiden.

Die Fischfilets waschen, leicht salzen, in Roggenkleie wenden und in wenig Öl bei mittlerer Hitze auf beiden Seiten goldgelb braten.

Das Kraut in Butter anschwitzen, mit wenig Wasser aufgießen, andünsten, salzen, mit Wein aufgießen und 2 Minuten köcheln lassen. Kraut mit dem Fond in tiefen Tellern mit dem Fisch anrichten.

Nudeln

Frische, selbst gemachte Nudeln sind genial. Vor allem können Sie die Zutaten steuern. Ob Sie nun Geschmacksstoffe wie gequetschten Mohn, fein geschnittene Kräuter, geriebene Traubenkerne oder anderes einarbeiten, es ist Ihre Kreation. Wenn Sie öfter Nudeln selbst zubereiten, besorgen Sie sich ein Mehlsieb (Maschenweite 310 µm) und ein Kleiesieb (Maschenweite 1120 µm), um das feine Mehl und die grobe Kleie auszusieben. Dann gelingen die Nudeln noch etwas besser, weil das Wasser beim Kochen vom Grieß langsamer aufgenommen wird und die Nudeln dadurch fester bleiben. Wenn Sie keine Nudelmaschine haben, können Sie den Teig auch ausrollen.

Tipp

Bereiten Sie den Nudelteig immer in kleinen Mengen frisch zu!

Einkorntaschen mit Roten Rüben in klarer Gemüsesuppe

Zutaten

Teig: 200 g Einkornvollmehl, 3 Eidotter, 60 g Einkorngrieß, 2 EL Rapsöl, 1 Prise Steinsalz, 60 ml Wasser

Fülle: 300 g Rote Rüben, 1 EL Butter, 1 Prise Steinsalz

Suppe: 1 Karotte, ½ Sellerieknolle, 1 kleine Stange Lauch, 1 Petersilienwurzel, 1 Zwiebel, 1 EL Sonnenblumenöl, 1,4 l Wasser, 1 Prise Steinsalz

Zubereitung

Für den Teig alle Zutaten zu einem glatten festen Teig verkneten, in Frischhaltefolie einwickeln und 30 Minuten rasten lassen.

Für die Suppe das grob geschnittene Gemüse in etwas Öl bei schwacher Hitze ca. 15 Minuten schmoren, mit Wasser aufgießen und 1 Stunde köcheln lassen.

Rote Rüben in feine Streifen schneiden, mit der Butter anschwitzen, zugedeckt langsam weich dünsten und salzen. Den Teig noch einmal gut durchkneten, halbieren, flach drücken und in der Nudelmaschine ca. 1 mm dünn ausrollen, Kreise mit einem Durchmesser von 10 cm ausstechen, einen Teelöffel Rote Rüben daraufsetzen, den Rand mit Wasser bestreichen und zu Halbmonden zusammenklappen, den Rand fest andrücken, in siedendes, gesalzenes Wasser einlegen und 2 Minuten garen lassen. Die Gemüsesuppe durch ein feines Tuch abseihen, mit Steinsalz abschmecken.

Tipp

Der frische Vollkornnudelteig lässt sich in Streifen geschnitten in heißem Rapsöl in ½ Minute knusprig backen, danach auf Papier abtropfen lassen. Passt ideal zu frisch marinierten Salaten.

Waldstaude-DimSum mit Sellerie und Salbeibutter

Zutaten

Nudelteig: 200 g Waldstaudevollmehl, 80 g Dinkelvollmehl, 2 Eiweiß, 1 Prise Steinsalz, 50 ml Wasser
Fülle: 300 g Knollensellerie, 1 Zwiebel, 1 EL Butter, 100 ml Wasser
8 frische Salbeiblätter, 5 EL Rapsöl, 50 g Butter

Zubereitung

Für den Nudelteig alle Zutaten zu einem glatten festen Teig verkneten und 30 Minuten rasten lassen. Anschließend den Teig noch einmal gut durchkneten, flach drücken und in der Nudelmaschine auf die vorletzte Stufe ausrollen.
Knollensellerie, Zwiebel schälen, kleinwürfelig schneiden, in Butter kurz andünsten, mit Wasser ablöschen und zugedeckt weich dünsten, bis keine Flüssigkeit mehr vorhanden ist. Pürieren, salzen und auskühlen lassen.
Aus dem Teig gleichschenkelige Dreiecke (Schenkel ca. 12 cm) schneiden, den Rand mit Wasser bestreichen, mit dem Dressiersack auf der langen Seite des Dreiecks bis zur Hälfte das Selleriemus dressieren. Die Dreiecke zuerst einmal zusammenklappen und anschließend zu einer Rolle formen. Die Spitzen umklappen.
Im Dampf 5 Minuten garen.
Salbeiblätter im Rapsöl knusprig backen, die DimSum gleich nach dem Garen im Dampf mit den kross gebackenen Salbeiblättern garnieren, mit brauner Butter beträufeln und servieren.

Getreide im Porträt

Familie der Weizen
(Triticum)

Weizen ist wohl die vielfältigste Getreideart und entsprechend bekannt und beliebt. Neben dem allseits bekannten Weich- oder Brotweizen umfasst diese Getreidegruppe auch die Unterarten Einkorn, Emmer und Dinkel. Alle Weizenarten stammen aus dem Nahen Osten und kommen dort in unterschiedlichen Verbreitungsgebieten auch heute noch wild vor. Bereits in der Jungsteinzeit kam mit den einwandernden Ackerbauern das erste Einkorn nach Europa. Züchterisch am meisten bearbeitet ist der Weichweizen. Unter anderem, um hohe Erträge und einheitliche Qualitäten zu erzielen, wurde Weich- oder Brotweizen vorwiegend durch gezielte Kreuzungen gezüchtet. In den letzten Jahrzehnten wurden auch Hybridzüchtungen zum Anbau gebracht; diese sind im Folgejahr nicht mehr anbaufähig, ein Nachbau und damit von den Saatzuchtkonzernen unabhängiges Wirtschaften wird damit unmöglich.

In der konventionellen Züchtung wurden und werden die Sorten sehr spezialisiert auf einige wenige Eigenschaften, z. B. Backqualität, entwickelt. Aus gesundheitlicher Sicht betrachte ich diese Spezialisierung sehr kritisch, da im Züchtungsverlauf wesentliche Pflanzeninformationen

Schema der Weizenabstammung

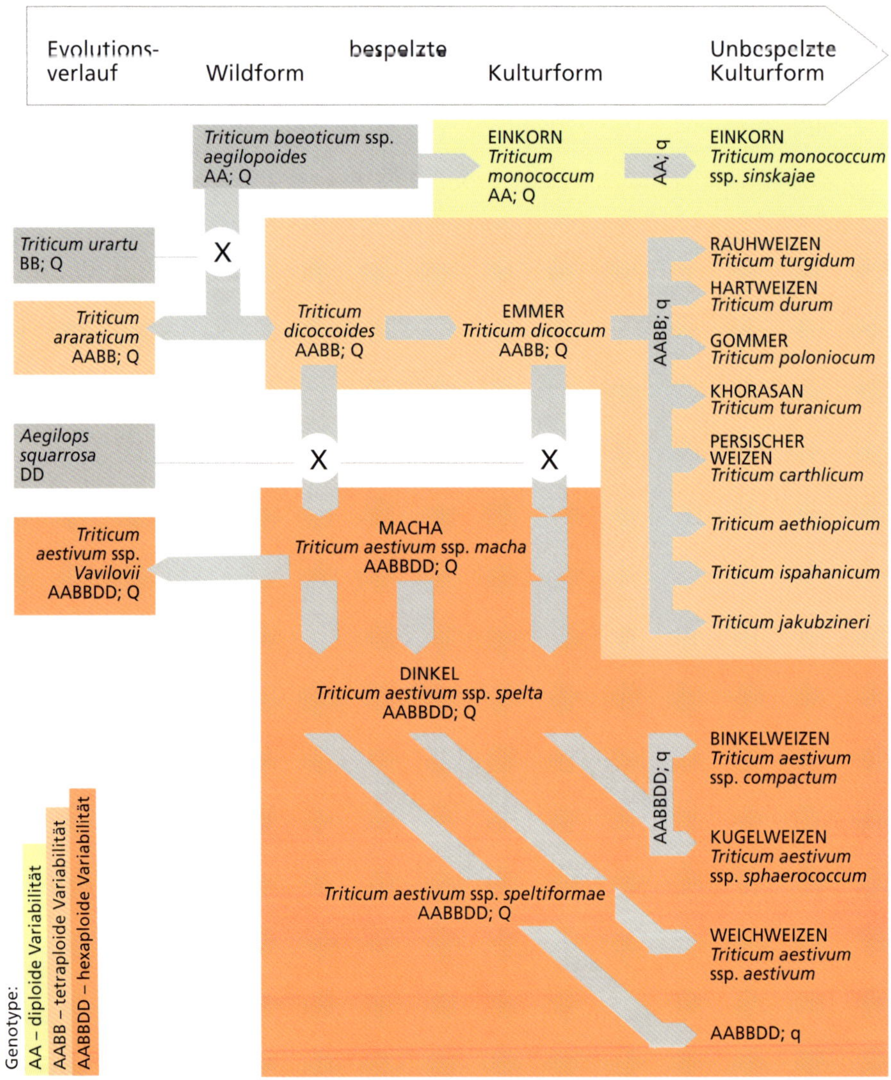

Quelle: Österr. Sortenindex, 1998

Weizenklassifizierung

(Aufrichtekräfte, Kornbildungskräfte, Reifeentwicklung) vermindert werden können und diese beim Genuss des Getreides dem Körper fehlen. Da zurzeit die entsprechenden Methoden zur Darlegung dieser Kräfte und deren Wirkung im Körper wissenschaftlich nicht anerkannt sind, bleibt es den Konsumenten überlassen, sich zu

Nährstoffgehalt alter Getreidesorten – ganzes Korn (in g/100 mg)

Quelle: Grausgruber, H., 2004

Nährstoff	Einkorn	Emmer	Durumweizen	Dinkel	Weizen	Nackgerste	Nackthafer	Roggen	Waldstaudekorn
Mineralstoffe	2,21	2,1	1,93	2,04	1,76	2,06	2,15	1,81	1,68
Kohlenhydrate	50,46	59,97	61,12	52,38	60,79	58,55	56,61	59,71	55,51
Eiweiß	20,03	19,05	16,79	19,07	14,94	17,76	17,59	10,84	15,76
Fett	2,44	2,01	2,26	2,19	1,81	2,26	4,82	1,52	1,62
Ballaststoffe	1,32	1,71	2,97	2,56	3,19	1,88	2,01	2,17	2,41

informieren und eine Meinung zu bilden. Besteht etwa ein Zusammenhang zwischen der modernen Weizenzüchtung und der zunehmenden Weizenunverträglichkeit? Diese und andere Fragen können derzeit nicht wissenschaftlich beantwortet werden, sollten aber dennoch gestellt und hinterfragt werden.

Einkorn
(Triticum Monococcum)

Das Einkorn ist eine sehr zarte Graspflanze mit drei bis acht ährentragenden Halmen. Eine Ähre trägt zwischen 20 und 40 Körner mit einem Korngewicht von durchschnittlich nur 30–35 mg pro Korn und zählt damit zu den kleinsten Getreidekörnern. Einkorn kann im Herbst oder im Frühjahr angebaut werden. Das Stroh dient Rindern, Pferden und Schafen als leckeres Raufutter. Da Einkorn ein Spelzgetreide ist, werden die vom Korn getrennten Spelzen für Einstreu bei Tieren, als Spelzbriketts und als Kompostbeigabe genutzt.

Starb Ötzi beim Jausnen?

GASTBEITRAG
Gerhard Floßmann,
Historiker, Loosdorf

Ötzi starb mit vollem Magen. Dies haben Wissenschaftler auf einem Mumienkongress in Bozen berichtet. Danach nahm der „Iceman" vom Hauslabjoch in den Ötztaler Alpen offenbar noch kurz vor seinem Tod eine Mahlzeit zu sich – und wurde möglicherweise sogar dabei ermordet. Essen wandert normalerweise schon nach kürzester Zeit vom Magen in den Darm; da dies bei der Gletscherleiche nicht der Fall war, sehen die Forscher ihre Zwischenmahlzeit-These als gestützt an. Erklären würde das auch, weshalb der Mann seine Waffe und seine Ausrüstungsgegenstände abgelegt hatte, als er starb.
Veröffentlicht wurden bereits die Untersuchungen zu Ötzis Mageninhalt. Demnach verzehrte der Mann aus dem Eis einige Stunden vor seinem Tod Rotwildfleisch, Steinbockfleisch und Einkorn, vermutlich als Brei oder Brot. Eine andere Meldung besagt jedoch, dass der Magen des Gletschermanns zum Zeitpunkt seines Todes leer war. Die Rothirschreste befanden sich im Dünndarm und die Überreste des Steinbocks waren bereits bis zum sich anschließenden Dickdarm gewandert. Der Magen eines Menschen entleert sich normalerweise 10 Minuten nach der Nahrungsaufnahme. Etwa drei Stunden später hat die feste Nahrung den Dünndarm erreicht. Dieser Prozess könnte bei Ötzi jedoch durch emotionalen Stress verlangsamt worden sein. Merke: Stress verlangsamt die Verdauung; es ist wichtig, von welcher Seite man die Verdauung erforscht, von oben oder unten (hinten oder vorn); Einkorn befähigte Bronzezeitmenschen, in kürzester Zeit große Höhen zu überwinden, um dort beim Jausnen umzukommen.

Einkorn

Tipp

Sollte Ihre Mühle einmal verkleben, mahlen Sie eine Handvoll Mais, Trockenerbsen oder Emmer, um die Mühlsteine zu reinigen. Dazu die Mühle auf eine grobe Mahlstufe stellen.

Geschichtliches

Einkorn entwickelte sich im „Fruchtbaren Halbmond" und gelangte über die alten Handelswege nach Europa. Im alpenländischen Raum war das Einkorn eines der Hauptgetreidearten bis ins Hochmittelalter. Danach wurde es von Dinkel- und Weichweizensorten verdrängt. In Vorarlberg wurde das Einkorn dennoch bis in die Neuzeit angebaut, da das sehr feine, biegsame Stroh für geflochtene Bienenkörbe, zum Aufbinden der Weinreben und für Strohseile verwendet wurde.

Geschmack

Einkorn zeichnet sich durch einen besonders cremig-nussigen Geschmack aus. Das Korn ist sehr gut über die kleinen, leicht flach gedrückten, gelblichen Körner erkennbar. Die weichen Körner können roh zerbissen und gekaut werden.

Verarbeitung und Verwendung

Einkorn kann problemlos in der Haushalts-Getreidemühle gemahlen werden. Besonders gut gelingen frische Einkornflocken, da diese ohne Vorbereitung geflockt werden können, ohne zu zerbröseln. Zum Keimen eignet sich Einkorn nur bedingt, da durch den Entspelzungsprozess der Keimling verletzt werden kann und dadurch die Keimfähigkeit herabgesetzt wird. Einkornreis ist sowohl als Beilage, für Reismischgerichte, für Aufläufe und Laibchen sehr gut geeignet. Mit Einkornmehl gelingen die besten Palatschinken, Kuchen und Brote in Formen. Für Germteiggerichte und Kekse ist einerseits etwas Geduld und andererseits Erfahrung notwendig. Nicht zu empfehlen ist Einkornmehl als Bindemittel, z. B. in Knödeln.

Besonderheiten

Einkorn hat einen sehr hohen Anteil an Gelbpigmenten (1,2–2,2 mg/100 g). Gelbpigmente stellen eine Vorstufe der Carotinoide dar und wirken im Körper krebsvorbeugend, stärkend auf das Immunsystem, cholesterinsenkend und unterstützend bei Alterssehschwäche. Einkorn ist besonders reich an den Carotinoiden Lutein und Zeaxanthin, die auch als „innere

Sonnenbrille" bezeichnet werden, da sie einen natürlichen Schutz der Augen vor schädlicher Strahlung bilden und unsere Augen vor freien Radikalen schützen. Einkorn hat aufgrund all dieser Inhaltsstoffe ein besonderes Potenzial in der Erhaltung der Sehkraft, der Stärkung des Immunsystems, der Krebsvorbeugung und als „Brain food".

PERSÖNLICHES

Einkorn ist purer Genuss!

Einkorn ist mein Lieblingsgetreide. Seit dem ersten Geschmackstest, den ersten Back- und Kochversuchen begleitet mich diese Faszination. Mit Einkorn ist es mir gelungen, viele „Getreidemuffel" zu begeistern und bei ihnen eine neue Einstellung zu Getreideprodukten zu erlangen.

Einkorn-Maki mit Chutney

(Foto auf Seite 46)

Zutaten

Maki: 150 g Karotten, 1 Zwiebel, 2 EL Sonnenblumenöl, 150 g Einkornreis, 350 ml Wasser, 4 grüne Kardamomsamen (zerdrückt, die Schale entfernen), 1 Prise Steinsalz 10 Blätter Endiviensalat

Chutney: 100 g Paprikaschote (rot oder grün), ½ Chilischote, 2 Tomaten, 2 EL Weinessig, 2 Knoblauchzehen, 1 Zwiebel, 30 g Zucker, 1 TL Kräutersalz

Zubereitung

Karotten schälen und feinwürfelig schneiden. Die Zwiebel hacken und in Öl anschwitzen, Karotten, Kardamom und Einkornreis zugeben, nach und nach mit Wasser aufgießen und 30 Minuten langsam weich dünsten, salzen und warm stellen.

Die Salatblätter vorsichtig vom Salatkopf trennen, kurz in kochend heißes Wasser eintauchen und im eiskalten Wasser abschrecken. Danach die Blätter herausnehmen und auf einem Tuch abtupfen.

Bambusmatte mit Salatblättern belegen, Einkorn-Gemüsereis aufstreichen, straff einrollen und mit einem sehr scharfen Messer in Stücke schneiden.

Für das Chutney die geviertelten Tomaten mit dem Essig in einem Topf erhitzen, die entkernten und grob zerkleinerten Paprika und die restlichen Zutaten unterrühren und 20 Minuten kochen. Pürieren und mit Steinsalz abschmecken.

Tipp

Die Maki sollten Sie unbedingt noch warm servieren, um das volle Geschmackserlebnis zu genießen!

Kräuter-Einkornreis mit Hartkäse und grünem Salat

Zutaten

Einkornreis: 200 g Einkornreis, 200 ml Wasser, 1 Prise Steinsalz, 1 Bund Kräuter (z. B. Basilikum, Majoran, Thymian, Estragon, Petersilie), 3 EL Olivenöl

Salat: ½ Zuckerhut, 2 EL Olivenöl, Saft einer halben Zitrone 80 g Bergkäse oder Pecorino

Zubereitung

Den Einkornreis in das kochende Salzwasser einrühren und 15 Minuten dünsten. Einkornreis muss während des Kochens mehrmals umgerührt werden, da er sich aufgrund der cremigen Konsistenz am Topfboden anlegt.

Die Kräuter fein schneiden, mit Olivenöl in der Pfanne erwärmen, mit Reis mischen und anrichten.

Den Zuckerhut fein schneiden, mit Olivenöl und Zitronensaft marinieren. Bergkäse oder Pecorino über den Reis hobeln und mit dem Salat anrichten.

Kürbisrisotto mit Einkornreis

(Rezept von Barbara van Melle, TV-Moderatorin und Leiterin von Slow Food Wien)

Zutaten

500 ml Gemüsesuppe, 250 g Einkornreis, ½ Bund Frühlingszwiebeln, 2 Knoblauchzehen, 2 Scheiben Ingwer, 500 g Kürbis (Muskat oder Hokkaido), 2 EL Olivenöl, 70 ml Weißwein, 1 Prise Steinsalz, Pfeffer aus der Mühle, ½ Bund Petersilie, 100 g Parmesan (gerieben), 50 g Butter

Zubereitung

Die Gemüsesuppe zum Kochen bringen, Einkornreis einrühren und 15 Minuten garen. 3 Minuten zugedeckt nachziehen lassen. Frühlingszwiebeln fein schneiden, Knoblauch und Ingwer fein hacken. Kürbisfleisch in kleine Würfel schneiden. In einer Pfanne Olivenöl erhitzen, die weißen Teile der Jungzwiebel, Knoblauch und Ingwer zugeben und anrösten, Kürbisfleisch zufügen, kurz dünsten, mit Weißwein aufgießen und 15 Minuten schmoren. Nun den gedünsteten Einkornreis untermischen. Vor dem Anrichten die gehackte Petersilie und die grünen Teile der Frühlingszwiebeln, Parmesan und Butter einrühren, mit Salz und Knoblauch abschmecken.

Gefüllte Paprika und Tomaten

Zutaten

Soße: 1 kg Tomaten, Steinsalz
Fülle 1: 125 g Einkornreis, 250 ml Wasser, 1 Ei, 30 g Einkornvollkornmehl, 100 g Karotten (geraspelt), 100 g Schafkäse (Feta), 1 Bund Basilikum

Fülle 2: 125 g Emmerreis, 250 ml Wasser, 1 Ei, 30 g Emmervollkornmehl, 100 g Hokkaidokürbis (geraspelt), 100 g Bergkäse, 1 TL Majoran (gerebelt), 1 kleine Chilischote (fein geschnitten)
Zum Füllen: 4 große Paprikaschoten (oder 8 kleinere) oder 4 große Tomaten

Zubereitung
Die Tomaten für die Soße vierteln und den Stängelansatz entfernen. In einem Topf zum Köcheln bringen und 1 Stunde schmoren, dann mixen und mit Kräutersalz verfeinern. Etwa 2 cm hoch in eine Auflaufform geben.
Für jede Fülle den Getreidereis in das kochende Salzwasser einrühren und 15 Minuten weich dünsten. Das Gemüse reiben, den Käse zerkleinern und mit dem Ei und dem Mehl unter den fertig gekochten Reis mischen. Die Massen jeweils mit Salz und Kräutern verfeinern.
Bei den Tomaten oder Paprikaschoten die Kappen abschneiden und aushöhlen. Die gewünschte Fülle fest, aber gefühlvoll in die Früchte geben, mit dem Deckel verschließen und in die vorbereitete Form legen. Zugedeckt in das vorgeheizte Rohr stellen und bei 180 °C 30 Minuten backen. Nach 20 Minuten den Deckel der Backform entfernen, bei Bedarf etwas Tomatensoße, Fond oder Wasser nachfüllen.
Die fertigen Tomaten oder Paprika noch heiß mit Tomatensoße servieren.

Tipp

Anstatt der Stielansätze können die Tomaten oder Paprika auch mit geriebenem Käse bedeckt werden und knusprig überbacken werden.

Einkorn-Lasagne mit Gemüse

Zutaten
300 g dünne Einkorn-Teigblätter (siehe Nudelteigrezept Seite 44), 1 EL Butter, 3 EL Haselnüsse (gemahlen)
Gemüsefülle: 2 Fleischtomaten, 250 g Zucchini, 250 g Karotten, 250 g Gelbe Rüben, 250 g Knollensellerie, 2 EL Sonnenblumenöl, 150 g Einkornreis, 200 ml Wasser, 1 Prise Steinsalz, 1 Bund Basilikum
Wurzelfond: 400 g Wurzelgemüse (Karotten, Sellerie, Petersilienwurzel, Lauch), 1 EL Öl, 1,2 l Wasser
Wurzelrahmsoße: 2 EL Butter, 3 EL Mehl, 400 ml Wurzelfond (siehe oben), 120 ml Schlagobers, 1 Prise Steinsalz
3 EL geriebener Hartkäse

Zubereitung
Backrohr auf 180 °C vorheizen.
Die Backform (Größe ca. 30 cm mal 20 cm) mit weicher Butter und Haselnüssen auskleiden.
Für den Wurzelfond Wurzelgemüse grob schneiden, in Öl anrösten, mit Wasser aufgießen und 1 Stunde köcheln lassen. Abseihen.
Für die Gemüsefülle die Tomaten in Würfel schneiden. Karotten, Gelbe Rüben und Sellerie schälen. Gemeinsam mit den Zucchini kleinwürfelig schneiden. Einkornreis und Gemüse im Kochtopf mit Öl glasig anrösten, mit dem Wasser ablöschen, zugedeckt (ca. 10 Minuten) bissfest dünsten. Mit Steinsalz und geschnittenem Basilikum abschmecken.
Für die Wurzelrahmsoße die Butter erwärmen, mit Mehl stauben, aufschäumen lassen. Mit Wurzelfond und Obers aufgießen, ca. 6 Minuten kochen lassen, mit Käse und Steinsalz abschmecken.
In die vorbereitete Backform jeweils Teigblätter mit Einkornreis, Gemüsewürfeln und Tomaten bestreuen, mit Wurzelrahmsoße leicht bedecken, diesen Vorgang zwei- bis dreimal wiederholen. Zum Abschluss mit geriebenem Hartkäse bestreuen.
Die Lasagne ca. 35 Minuten goldgelb backen.

Emmer

Emmer
(Triticum dicoccum)

Emmer hat eine besondere Vielfalt an Farben und Ausprägungen entwickelt. So gibt es Ährenfarben von Weiß über Blau, Rot und Braun bis Schwarz und Spelzformen von glatt über rau bis behaart. Beim Emmer unterscheiden wir Winter- und Sommeremmer. Die im Herbst angebauten – meist italienischen – Sorten liefern uns die großen lockeren Körner für einen würzigen Risottoreis. Bei den im Frühling angebauten, nördlichen Sorten werden kleinere, glasige Körner geerntet, die aufgrund des höheren Kleieanteils würziger als die großkernigen Verwandten sind.

Geschichtliches
Ähnlich wie beim Einkorn liegt die Wiege des Emmers im Euphrat-Tigris-Gebiet und er kam zur Bronzezeit nach Europa. Emmer hat aufgrund der größeren Erträge in den milderen Anbaugebieten das Einkorn verdrängt. Als traditionelles Anbaugebiet in Europa gilt vor allem Italien. Kultiviert wurde der Emmer jedoch auch im Alpenraum und im restlichen Europa. Emmer war auch das Hauptgetreide in Unterägypten und wurde erst unter römischem Einfluss durch spelzfreie Weizensorten (Durum, Weichweizen) ersetzt.

Geschmack
Emmer hat einen feinwürzigen, leicht herben Geschmack und durch die große Quellfähigkeit einen luftigen Charakter. Emmer ist nah mit dem Hartweizen verwandt und besitzt sehr harte Körner, die sich roh nur schwer zerbeißen lassen.

Verarbeitung und Verwendung

Emmer ist wie Einkorn und Dinkel ein Spelzgetreide und muss daher in einem zusätzlichen Arbeitsgang, dem Gerben, entspelzt werden. Dabei kann die Keimfähigkeit gemindert werden, wodurch sich diese Getreidearten nur bedingt als Keimgetreide eignen. Emmer ist als Mehl gut geeignet für Nudeln, Mürbteig, Brot und Gebäck.

Besonderheiten

Emmer ist ein enger Verwandter von Hartweizen, sehr proteinreich und kann dadurch sehr gut Struktur bilden. Dies macht sich einerseits beim Backen, aber auch bei der Verwendung als Reis bemerkbar. Emmerreis quillt beim Kochen besonders stark auf und zeichnet sich dadurch aus, dass diese Struktur auch nach dem Kochen erhalten bleibt. Die traditionelle Verwendung für Risotto in der Toskana zeigt die seit Langem geltende Wertschätzung für dieses Getreide.

PERSÖNLICHES

Emmer fasziniert

Emmer ist allein aufgrund seiner Erscheinungsform schon ein faszinierendes Getreide. Die Farbenpracht des schwarzen Emmer auf dem Feld ist einzigartig. Emmer überzeugt mich besonders als Getreidereis.

Emmerreis mit Sommergemüse

Zutaten

250 g Emmerreis, 500 ml Wasser, 1 Prise Steinsalz, 2 EL Olivenöl, 1 Zwiebel, 1 Fenchelknolle, Saft einer Zitrone, 350 ml Wasser, 1 Melanzani, 1 gelbe Paprikaschote, 2 Tomaten, ½ TL Schwarzkümmel, 1 Prise Kräutersalz, Pfeffer aus der Mühle, 1 Jungzwiebel

Zubereitung

Den Emmerreis in das kochende Salzwasser einrühren und 15 Minuten dünsten lassen.

Zwiebel schneiden, Fenchel, Paprika, Melanzani feinwürfelig schneiden. Tomaten grob würfeln. Fenchelwürfel mit Zitronensaft und Wasser übergießen. Nach 2 Minuten abseihen, anschließend die frisch geschnittenen Melanzaniwürfel in dieses Zitronenwasser geben. Durchrühren und kurz ziehen lassen. Nun die Melanzaniwürfel abseihen und das Zitronenwasser zur Seite stellen.

Das Olivenöl in einer Pfanne erhitzen, Zwiebel anrösten, Schwarzkümmel kurz mitrösten. Fenchel untermischen und mit etwas Zitronenwasser aufgießen. Kurz durchschmoren. Die Melanzaniwürfel untermengen, bei Bedarf etwas aufgießen, Paprikawürfel beigeben und kurz andünsten. Nun die Tomaten und den gedünsteten Emmerreis untermischen. Mit Salz abschmecken und mit Jungzwiebelringen anrichten.

Emmerreis mit Wildkräutern

Zutaten

Emmerreis: 120 g Lauch, 100 g Sellerieknolle, 2 EL Rapsöl, 180 g Emmerreis, 350 ml Wurzelfond (Rezept Seite 53), 1 Prise Steinsalz

Salat: 1 Bund Wildkräuter (z. B. Löwenzahn, Erdbeerblätter, Spitzwegerich, Sauerampfer), 2 EL milder Wein oder Apfelessig, 3 EL Traubenkernöl

Zubereitung

Lauch feinringelig schneiden, Sellerie kleinwürfelig schneiden. Das Gemüse mit dem Rapsöl leicht anschwitzen, den Emmerreis zugeben, mit Wurzelfond aufgießen und etwa 15 Minuten offen köcheln lassen. Gelegentlich umrühren. Mit Steinsalz abschmecken und auf Wildkräutersalat anrichten.

Salat vom Emmerreis mit gebratenem Gemüse

(Rezept von Christine Saahs, „Nikolaihof", Mautern)

Zutaten

200 g Emmerreis, 450 ml Wasser, 1 große Zwiebel, 3 Knoblauchzehen, 1 rote Paprikaschote, 1 grüne Paprikaschote, 1 Stange Lauch, 2 Karotten, 1 kleine Sellerieknolle, 1 große Pastinake, 4 EL Olivenöl

Marinade: 1 Handvoll Kräuter, 4 EL Weinessig, 4 EL Olivenöl, 1 Prise Salz, Pfeffer aus der Mühle, 1 EL Senf (scharf)

60 g Parmesan, Kräuter und Blüten zum Garnieren

Zubereitung

Emmerreis in der doppelten Wassermenge 20 Minuten kochen, ausquellen lassen. Zwiebel halbieren, grobringelig schneiden, Paprika, Knoblauch und Lauch fein schneiden und zusammen in 2 EL Olivenöl leicht braten und auskühlen lassen.

Karotten, Sellerie, Pastinaken in feine Streifen schneiden, zusammen in weiteren 2 EL Olivenöl bissfest braten und ebenfalls auskühlen lassen. Kräuter fein schneiden. Essig, Öl, Senf, Steinsalz und Pfeffer zu einer Salatmarinade rühren, mit Gemüse, Kräutern und Emmer vermischen und ziehen lassen. Mit frischen Kräutern, Blüten und Gemüse garnieren. Vor dem Servieren Parmesan darüberhobeln.

Emmerauflauf mit Ziegenfrischkäse und Wiesenkräuterpesto

Zutaten

Auflauf: 1 EL Butter (zerlassen), 2 EL Brösel, 120 g Einkornreis, 1 EL Butter, 300 ml Wasser, 1 Prise Steinsalz, 3 Eidotter, 125 g Ziegenfrischkäse, 2 Eiweiß, 1 Prise Steinsalz

Pesto: 1 Bund Wiesenkräuter (z. B. Schafgarbe, Wiesenknöterich, Löwenzahn, Spitzwegerich, Wiesenthymian, Sauerampfer), 50 ml Olivenöl

Zubereitung

Vier kleine Auflaufformen (ca. 180 ml Inhalt) mit Butter und Bröseln auskleiden. Den Einkornreis mit Butter

glasig andünsten, mit Wasser aufgießen, aufkochen, salzen und gelegentlich rühren, damit die Masse sich nicht anlegt. Köcheln, bis die Getreidemasse eine kompakte Konsistenz annimmt, das Korn aber noch einen leichten Biss hat. Auskühlen lassen, Eidotter und Käse einrühren. Die Eiweiß mit einer Prise Steinsalz zu Schnee schlagen und unter die Einkornmasse heben.
In die Formen füllen, im Backrohr bei 180 °C ca. 20 Minuten backen. Die Wiesenkräuter ganz kurz blanchieren, ausdrücken, fein schneiden, mit dem Olivenöl pürieren und mit den ofenfrischen Aufläufen servieren.

Getreideaufstrich mit Wurzelgemüse

Zutaten

1 Zwiebel, 1 Karotte, 2 EL Petersilie (gehackt), 2 EL Rapsöl, 100 g Emmerreis, 300 ml Wasser, 1 Prise Steinsalz

Zubereitung

Zwiebel und Karotte feinwürfelig schneiden und mit der Petersilie im Rapsöl anschwitzen, Emmerreis beigeben und mit Wasser aufgießen. 20 Minuten weich dünsten. Mit Steinsalz würzen und in eine Schüssel geben. Zugedeckt auskühlen lassen. Mit frisch geschnittenen Kräutern auf Brotschnitten anrichten.

Dinkel

Dinkel
(Triticum aestivum spelta)

Dinkel (auch Dreikorn, Spelz – von germanisch: spalten – oder Schwabenkorn) gelangte etwa 3 000 v. Chr. in den Alpenraum und wurde besonders in den etwas raueren Lagen zum Hauptbrotgetreide. In der Schweiz, in Süddeutschland, Norditalien und auch in Österreich verdrängte der Dinkel großteils Einkorn und Emmer.

Die im Hochmittelalter lebende Äbtissin Hildegard von Bingen verfasste viele Texte zu Biologie und Medizin. In der Überlieferung dieser Texte wird ihre Hochachtung für die ernährungsphysiologische Bedeutung des Dinkels hervorgehoben und darauf basierend im 20. Jahrhundert die Hildegardmedizin gegründet. Damit erlangte der Dinkel nach mehreren Jahrhunderten der Verdrängung durch den Weichweizen wieder etwas Bedeutung.

Pflanze
Dinkelähren unterscheiden sich von Weizenähren durch die markante Spindelform. Die Ährchen sitzen im Zickzack übereinander an der Ähre, und diese bricht beim Dreschen dazwischen auseinander, die Körner (3–5 pro Ährchen) bleiben in der Spelze und müssen in einem späteren Verfahren (Entspelzen/Gerben) herausgelöst werden. Dinkel ist im Anbau wesentlich robuster als Weich- und Hartweizen und hat sich deshalb in klimatisch schwierigen Lagen durchgesetzt. Dinkel wurde und wird heute wieder verstärkt in der Schweiz, in Schwaben, im österreichischen Alpenraum und im Waldviertel angebaut.

Geschmack
Dinkel hat einen vollen, nussigen Korngeschmack. Die Körner sind sattbraun und bauchig und laufen im Gegensatz zum Weichweizen spitz zu. Dinkelkörner sind hart, können jedoch zerkaut werden. Kinder naschen daher gern einen Teelöffel Körner und zerkauen diese zu einem „Kaugummi".

Verarbeitung und Verwendung
Dinkel kann sehr gut in der Getreidemühle gemahlen und geflockt werden. Dinkel wird praktisch wie Weichweizen verwendet: für Kuchen, Mehlspeisen, Knödel, Aufläufe, Kekse, Brot und Gebäck. Pfarrer Kneipp

hatte zu seiner Zeit noch eine weitere Verwendungsmöglichkeit für Dinkel entdeckt: Wie Gerste benutzte er den Dinkel als Kaffee-Ersatz, indem er ihn röstete.

Besonderheiten

Eine Besonderheit des Dinkels ist die spindelartige Ähre. Dadurch brechen Dinkelähren leicht vom Halm und in sich selbst. Bereits im Mittelalter hat man daher begonnen, einen Teil der Ernte vorzeitig, in der Milchreife, zu ernten. Da die Körner in diesem Stadium nicht lagerfähig sind, weil der Wassergehalt zu hoch ist, wurden sie gedarrt. Der so behandelte Grünkern ist nicht backfähig, jedoch geschmackvoll und wird gern für Suppen und Laibchen verwendet.

PERSÖNLICHES

Dinkel – Einstieg in die Vielfalt

Mit dem Dinkel begannen meine Erfahrungen mit sogenannten alten Getreidesorten, und als direkter Vorfahre des Weichweizens ist der Dinkel wohl auch diesem in Geschmack und Verarbeitungsqualität am ähnlichsten. In diesem Sinne möge er noch vielen Menschen den Einstieg in die Vielfalt der Getreidesorten eröffnen.

Dinkel-Hagebutten-Reis mit geschmortem Rindsbraten

Zutaten

Rindsbraten: 1 Zwiebel, 6 Knoblauchzehen, 1 Karotte, 1 Petersilienwurzel, ½ Sellerieknolle, 10 Pefferkörner, 2 Lorbeerblätter, 5 Wacholderbeeren, 3 Pimentkörner, 800 g Hinterer Wadschinken, 1 Prise Steinsalz, 3 EL Rapsöl, 120 ml Rotwein, 500 ml Wasser

Dinkel-Hagebutten-Reis: 200 g Dinkelreis, 420 ml Wasser, 1 Prise Salz, 100 g Hagebutten (entkernt), 1 EL Butter

Zubereitung

Zwiebel und Knoblauch putzen, das Wurzelgemüse waschen und alles mit der Schale grob schneiden und in eine feuerfeste Form geben, die Gewürze darüberstreuen. Das Fleisch salzen und auf das Gemüse setzen. Mit Öl gut beträufeln und im Backrohr bei 200 °C schmoren lassen, bis sich der entstandene Bratensaft reduziert und das Fleisch eine schöne braune Farbe hat. Wenden, mit Rotwein aufgießen und weiterschmoren lassen. Den Bratensaft nach und nach mit Wasser ergänzen. Sobald das Fleisch die richtige Farbe bekommen hat, abdecken (Schutz vor dunkler Farbe). Das Fleisch mehrmals wenden und insgesamt ca. 3 Stunden schmoren lassen.

Dinkelreis in das kochende Salzwasser einrühren und 25 Minuten köcheln lassen. Die Hagebutten entkernen, kurz mit Wasser abspülen, in zerlassener Butter glasieren, den gekochten Dinkelreis untermischen, mit Salz abschmecken und kurz ziehen lassen. Braten aus dem Rohr nehmen, das Fleisch im Rohr warm stellen, den Bratensaft abseihen und das Gemüse gut ausdrücken. Den Saft zur gewünschten Konsistenz einkochen lassen, anschließend mit Fleisch und Hagebutten-Dinkelreis anrichten.

Dinkel-Mangalitza-Knödel auf Lauchcreme

Zutaten

Knödel: 2 Zwiebeln, 2 EL Rapsöl, 150 g Dinkelreis, 300 ml Wasser, 120 g Mangalitzaschinken (kalt geräuchert), 4 Eidotter, 3 EL Dinkelvollkornmehl, 1 Prise Steinsalz, Pfeffer aus der Mühle

Lauchcreme: 2 mittlere Stangen Lauch, 2 EL Rapsöl, 1 kleine Kartoffel, 150 ml Wasser, 1 Prise Steinsalz, 50 ml Schlagobers oder Sauerrahm

Zubereitung

Zwiebel schneiden, in Öl mit Dinkelreis und dem fein geschnittenen Mangalitzaschinken anschwitzen, mit Wasser aufgießen und 25 Minuten weich dünsten. In die noch warme Masse Eier und Mehl unterrühren, mit Salz und Pfeffer würzen. Aus der Masse kleine Knödeln formen, in kochendes Salzwasser einlegen, aufkochen lassen und 10 Minuten zugedeckt ziehen lassen.
Den Lauch feinringelig schneiden, in Rapsöl anschwitzen, geraspelte Kartoffel zugeben, mit Wasser aufgießen, ca. 8 Minuten weich köcheln lassen, pürieren, mit Salz, Pfeffer und etwas Obers oder Sauerrahm vollenden.
Die Knödeln auf der Lauchcreme anrichten und mit Lauchstreifen garnieren.

Gebackener Dinkelreis mit Kohlrabi

Zutaten

160 g Dinkelreis, 360 ml Wasser, 1 Prise Steinsalz
2 junge Kohlrabi, 2 EL Butter, 150 ml Wasser, 1 Prise Steinsalz, einige Kohlrabiblätter, 2 Eier, 60 ml Schlagobers

Zubereitung

Den Dinkelreis in kochendes Salzwasser einrühren und 25 Minuten dünsten lassen.
Den würfelig geschnittenen Kohlrabi in Butter anschwitzen, mit Wasser aufgießen, salzen und weich dünsten. Die Kohlrabiblätter in Streifen schneiden, mit den verquirlten Eiern und dem Obers unter den gekochten Reis mit den gedünsteten Kohlrabi heben, würzen. Die Masse in eine gefettete Auflaufform füllen und bei 180 °C 20 Minuten im Backrohr backen.

Tipp

Das Mangalitzaschwein ist eine alte Haustierrasse. Geräuchert schmeckt das Fleisch besonders schmackhaft mit nussigem Aroma.

Hartweizen
(Triticum dicoccum durum)

Hartweizen gelangte über die Handelswege nach Italien und wurde dort aufgrund der Klimabedingungen zum spelzfreien Nachfolger des Emmers. Die heute noch bestehende Kultur um die italienischen Emmernudeln, vor allem in der Toskana, sind eine Überlieferung davon. In kleineren Mengen wird Durum auch in den trockeneren Gebieten nördlich der Alpen kultiviert. Noch heute ist Italien das Land der Nudelproduktion. In diesem Zusammenhang ist auch die Bedeutung des Hartweizengrießes im Mittelmeerraum (Bulgur, Couscous) zu erwähnen.

Pflanze
Hartweizen bevorzugt gute Böden, viel Sonne und maßvolle Niederschläge: So gedeiht er hervorragend in Italien, in Österreich und Deutschland vorzugsweise in wärmeren Regionen. Im Alpenraum mangelt es für den Anbau von Hartweizen an Sonne und es regnet zu viel. Hartweizen aus regionaler, biologischer Landwirtschaft ist daher nicht einfach zu bekommen. Hartweizen wird auch Glasweizen genannt. Diese Bezeichnung beruht auf dem Erscheinungsbild des Hartweizens. Die glasartige Färbung der reifen Körner ist ein Qualitätsmerkmal für einen sehr hohen Kleberanteil

Hartweizen

(Protein) im Korn, der für die besondere Bindefähigkeit des Hartweizens verantwortlich ist.

Geschmack

Aufgrund des feinen Geschmacks von Hartweizen ist er als Beilage und als Basis für vielerlei Gerichte geeignet. Wie Emmer ist auch Durum sehr hart und kann daher roh fast nicht zerbissen werden.

Verarbeitung und Verwendung

Durum kann sehr gut in Haushalts-Getreidemühlen gemahlen werden und „reinigt" durch die harte Konsistenz in gewissem Maße auch den Mühlstein. Bei grober Einstellung können Sie sich selbst den Grieß mahlen. Anschließend eventuell die Feinbestandteile aussieben und dieses Mehl für den nächsten Nudelteig aufheben. Durum eignet sich auch sehr gut zum Keimen und entwickelt dabei ein angenehmes Aroma.

Besonderheiten

Rauweizen *(Triticum dicoccum turgidum)* ist in der Beschaffenheit und Härte dem Durum sehr ähnlich und kann wie dieser verwendet werden. Alle Emmer- und Bergweizenrezepte in diesem Buch können auch mit Rau- oder Hartweizen gekocht werden. Am besten eignet sich Rau- oder Hartweizen jedoch für Nudel- und Grießgerichte.

Zur Gruppe der Emmer zählt neben dem Hart- und Rauweizen auch der Khorasanweizen *(Triticum dicoccum turanicum)*. Die Körner des Khorasanweizens sind besonders groß und enthalten ähnlich dem Einkorn viele Gelbpigmente. Khorasanweizen wurde beispielsweise mit Durum gekreuzt und unter der Markenbezeichnung Kamut, Urmut und Ähnlichem bekannt. Das traditionelle Verbreitungs-

Tipp

Die Haushalts-Getreidemühle regelmäßig öffnen und reinigen. Dazu am besten mit einer kleinen Bürste (Zahnbürste) und dem Staubsauger alle Korn- und Mehlbestandteile aus dem Innenraum aussaugen. Sie halten damit die Mühle sauber und verhindern Schimmelbildung in der Mühle. Diese kann allein durch die erhöhte Luftfeuchtigkeit in der Küche entstehen. Bei regelmäßiger Pflege können sich auch keine Lagerschädlinge (Motten, Getreidekäfer) in der Mühle vermehren. Beim Kauf der Getreidemühle daher unbedingt darauf achten, dass sich diese leicht öffnen und wieder zusammenbauen lässt. Vor dem Kauf selbst ausprobieren!

gebiet liegt sowohl in Afghanistan (Provinz Khorasan) als auch im „Fruchtbaren Halbmond" bis Ägypten. Khorasan ist sehr gut mahl- und backfähig und ähnlich zu verwenden wie die anderen Weizenarten dieser Gruppe (Emmer, Rau- und Hartweizen).

Tipp

Sie können etwas Durum, Rau- oder Khorasanweizen auch im Garten (auf dem Balkon) anbauen, da dieser freidreschend ist und die Ähren sehr schön sind. Die reifen Ähren können Sie als Trockengras zur Dekoration verwenden oder die Spindeln händisch zerbrechen, über ein Sieb ausblasen und daraus beispielsweise Nudeln bereiten. Für Kinder ist das eine aufregende Erfahrung.

PERSÖNLICHES

Ideal für Nudeln

Seit einiger Zeit wünsche ich mir einen Hartweizen aus eigenem Anbau und beneide dabei die Italiener um deren Hartweizenkultur. Mit qualitativ hochwertigem Hartweizen, auch Durum genannt, gelingen ein wunderschöner Grieß und feste Nudeln.

Weichweizen
(Triticum aestivum aestivum)

Frei dreschender Weizen gelangte im Mittelalter nach Europa. Dieses Getreide musste nach der Ernte, im Vergleich zu den bisher bekannten Sorten von Einkorn, Emmer und Dinkel, nicht mehr von der umhüllenden Spelze getrennt werden. Außerdem konnten wesentlich höhere Erträge erzielt werden. So wurde seit dem Hochmittelalter der Weichweizen allmählich zur Hauptweizenart in Europa. Mit diesem Wandel vollzog sich auch ein Wandel in der Ernährung, da sich Weizen leichter zu feinem Brot und Brötchen verarbeiten ließ. Der tägliche Frischkornbrei verschwand allmählich aus dem Speiseplan im europäischen Raum. Dennoch ernähren sich auch heute noch zwei Drittel der Menschen vorwiegend mit Breikost und nur ein Drittel mit Brot. Weizen ist aus unserer Nahrung nicht mehr wegzudenken und es ist schwierig geworden, Lebensmittel ohne Weizenzugabe zu finden: Brot, Gebäck, Wurst, Fertigprodukte, Tiefkühlgemüse.
Texinger Bergweizen, wie wir ihn am Meierhof anbauen, ist ein Beispiel für eine regionale Lokalsorte ohne Hybridisierung.

Pflanze

Weizen bildet bei ausreichendem Platzangebot große Grasbüschel mit bis zu 30 ährentragenden Halmen aus. Die Ähren können beim Weichweizen mit Grannen oder ohne Grannen ausgebildet sein. Die Ähren bilden immer zwei gegenüberliegende Zeilen mit jeweils 5–15 Ährchen aus. In diesen sind 3–5 Körner eingebettet, die beim Dreschen aus der umhüllenden Spelze fallen. Dadurch erscheint die Ähre relativ rund und schwer. Insgesamt ist Weichweizen dadurch eine sehr ertragreiche Getreideart. Um den Halmbruch aufgrund der durch zielgerichtete Züchtung noch schwereren Ähren zu verringern, wurde Weizen immer kürzer gezüchtet oder mit sogenannten „Halmverkürzern" gespritzt. Im biologischen Anbau sind diese Spritzmittel verboten und das längere Stroh wird als Futtermittel, Einstreu und organischer Dünger auf den Feldern benötigt.

Geschmack

Bergweizen hat einen kräftigen, vollen Geschmack. Je glasiger die Weizenkörner erscheinen, desto härter ist deren Substanz. Dies ist ein Merkmal für einen hohen Klebergehalt (siehe Hartweizen) und gleichzeitig eine Warnung, die Körner nur vorsichtig zu zerbeißen.

Verarbeitung und Zubereitung

Weizen hat sehr gute Verarbeitungseigenschaften und kann für Kuchen, Kekse, Brot und Gebäck und als Bindemittel verwendet werden.

Sehr gut eignet sich Weichweizen auch zum Keimen und angefeuchtet zum Flockenquetschen. Auch Grieß und Teigwaren können aus Weichweizen hergestellt werden, besser geeignet dafür ist jedoch Emmer oder Hartweizen.

Besonderheiten

Wie alle anderen Weizenarten auch, ist der Weichweizen der Sonne zugeordnet und gleicht zwischen den Organsystemen aus. Weizen ist sowohl ein Getreide, das über das Nerven-Sinnessystem das Denken positiv beeinflusst als auch über die Aktivierung des Stoffwechselsystems das Rythmische System stärkt. Weizen wirkt im Körper basisch und ist ein Nahrungsmittel der Mitte.

PERSÖNLICHES

Bergweizen

Nachdem mein Mann seine Weizenunverträglichkeit nun schon seit mehreren Jahren hinter sich gelassen hat, beginne ich mich zunehmend wieder für unseren „Bergweizen" und andere regionale Weizensorten zu begeistern. Vor allem während des Kochens für dieses Buch ist bei „Bergweizen-Rindfleisch" oder „Keimlingsaufstrich mit Vogelmiere" meine Begeisterung sprunghaft angestiegen.

Bergweizen-Rindfleisch

Tipp

Das Fleisch ist dann fertig gedünstet, wenn man die Stücke mit einer Gabel leicht durchstechen kann.

Zutaten

Rindfleisch: 300 g Wadschinken oder Rinderhals (würfelig geschnitten), 2 EL Rapsöl, 1 Zwiebel, ¼ Sellerieknolle, 1 Karotte, 1 TL Paprikapulver (scharf), 1 Prise Steinsalz, 200 ml Tomatensoße, 150 ml Rotwein

Bergweizen: 2 Schalotten, 1 Handvoll Käsepappelblätter, 1 EL Rapsöl, 2 Knoblauchzehen, 150 g Bergweizenreis, 200 ml Wasser, 1 Prise Steinsalz, eventuell frische Käsepappelsamen zum Bestreuen

Zubereitung

Das Fleisch im Öl kräftig anbraten. Zwiebel, Sellerie und Karotten grob würfeln und zum Fleisch geben. Paprikapulver und Steinsalz zugeben, durchrühren und mit Tomatensoße aufgießen. Einkochen, mit Rotwein aufgießen und wiederum einkochen. Danach mit Wasser auffüllen und weich dünsten. Das Fleisch aus dem Sud herausnehmen, die Soße pürieren, durch ein Sieb passieren, aufkochen. Das Fleisch in der fertigen Soße ziehen lassen.

Schalotten fein hacken und mit den Käsepappelblättern in Öl anschwitzen, gehackten Knoblauch und Bergweizenreis dazugeben, mit Wasser aufgießen und 25 Minuten schmoren. Den Bergweizenreis abschmecken, gemeinsam mit dem Rindfleisch anrichten und mit Käsepappelsamen garnieren.

Bergweizen-keimlings-Creme mit Fischnockerln

Tipp

Wenn Sie die Forellen selbst filetieren, aus den Fischabschnitten einen Fond kochen, absieben und zum Kochen der Nockerln verwenden.

Zutaten

Fischnockerln: 350 g Forellenfilets (4 Stück, enthäutet und entgrätet), 1 Ei, 1 Prise Steinsalz, 1 Spritzer Weißwein, 65 ml Schlagobers

Keimlingscreme: 60 g Bergweizenreis, 150 ml Wasser, 1 Prise Steinsalz, 1–2 Schalotten, 1 EL Distelöl, 200 g Bergweizen (gekeimt, Seite 35)
Lauch oder Kräuter zum Garnieren

Zubereitung

Forellenfilets, Ei, etwas Steinsalz mit einem Spritzer Weißwein fein pürieren. Danach das Schlagobers nach und nach unterrühren. Aus der Masse mit dem Löffel Nockerln stechen und in kochendes Salzwasser (oder Fischfond) einlegen, zugedeckt unter dem Siedepunkt 10 Minuten ziehen lassen.

Den Bergweizenreis in gesalzenem Wasser weich dünsten. Schalotten fein hacken, in Distelöl anschwitzen, den gedünsten Bergweizenreis hinzufügen, erhitzen und kurz mit dem Mixstab pürieren. Die Bergweizenkeimlinge unter die heiße Creme mischen und mit Salz abschmecken. Die fertigen Forellennockerln auf der Creme anrichten und mit Lauch oder Kräutern garnieren.

Bergweizen-nockerln auf Fisolen

Zutaten

Bergweizennockerln: 150 g Bergweizenreis, 300 ml Wasser, 1 Prise Steinsalz, 2 Eidotter, 50 g Hartkäse (gerieben), 2 EL Bergweizenvollkornmehl
Fisolen: 2 Knoblauchzehen, 1 rote Zwiebel, 3 EL Butter, 500 g junge Fisolen (blanchiert), 150 ml Wasser, frische Kräuter (z. B. Bohnenkraut, Majoran)

Zubereitung

Den Bergweizenreis in kochendes Salzwasser einrühren und 25 Minuten köcheln, danach auskühlen lassen.
Die Fisolen putzen, im kochenden Wasser 2 Minuten überbrühen und im Eiswasser abschrecken. Den Bergweizenreis mit Eidotter, Hartkäse und dem Mehl gut vermengen.
Aus der Masse Nockerln formen, auf ein mit Backpapier ausgelegtes Blech legen und im Backrohr bei 180 °C 15 Minuten goldbraun backen.
Knoblauch und Zwiebel hacken und in Butter anrösten. Die blanchierten Fisolen einlegen und in der Zwiebelbutter schwenken. Mit Wasser ablöschen und 3 Minuten zugedeckt ziehen lassen.
Die Bergweizenreis-Nockerln auf den Fisolen mit dem Saft anrichten und mit Kräutern garnieren.

Waldstaudekorn
(Secale cereale multicaule)

Die Genzentren des Roggens liegen in der Region des Ararats im türkischen Hochland sowie etwas weiter östlich im Norden von Afghanistan. Von dort breitete sich der Kulturroggen nach Europa aus. Nördlich der Alpen wird Roggen seit der Bronzezeit nachgewiesen. Er ist besonders widerstandsfähig und wird daher vorwiegend in jenen Regionen angebaut, die für andere Getreidearten ungeeignet sind (bis in 2 000 Meter Seehöhe). Im Wald- und Mühlviertel sowie in Tschechien und Polen wurde eine robuste Roggenart als erste Kultur nach der Brandrodung angebaut. Waldstaudekorn oder Johannisroggen stellt sehr geringe Anforderungen an den Boden und wird etwa um Johanni (24. Juni) angebaut. In der Folge wird das junge Getreide beweidet (oder auch gemäht). Durch die Beweidung (Mahd) wird die Bestockung angeregt. Nach dem Bestockungsansatz überwintern die Getreidegrasbüschel, um im Frühjahr relativ früh Ähren zu bilden. Im zweiten Jahr wird das Getreide gedroschen und das Korn für Speise- oder Futterzwecke genutzt. Da die Brandrodung heute nicht mehr durchgeführt wird, ist auch diese traditionelle Anbaumethode gefährdet. Aktuell wird der Johannisroggen einerseits als Wildäsung angebaut, und andererseits bemühen sich vor allem Demeterlandwirte im Waldviertel um die traditionelle Bewirtschaftung.

Waldstaudekorn

Pflanze
Eine besondere Form des Roggens ist das Waldstaudekorn oder der Johannisroggen. Das Waldstaudekorn, fälschlich „Urroggen“ benannt, zeichnet sich durch Anspruchslosigkeit, hohen Bestockungsgrad, große Wuchshöhe (bis zu 3 m) und Kleinkörnigkeit (Korngewicht ~30 mg) aus.

Das Waldstaudekorn bildet ein kräftiges, tief wurzelndes, feines Wurzelsystem aus und lockert damit den Boden für nachfolgende Kulturen.

Geschmack

Als Speisegetreide wird besonders der intensive Geschmack und der erhöhte Gehalt an Vitaminen und Mineralstoffen geschätzt. Durch die geringe Korngröße des Waldstaudekorns besitzt es einen sehr hoher Kleieanteil. Daraus und aus der geringeren Ertragshöhe pro Hektar resultiert der erhöhte Vitamin- und Mineralstoffgehalt. Waldstaudekornbrot ergibt ein sehr dunkles, saftiges Brot mit einem vollen Roggengeschmack.

Verarbeitung und Zubereitung

Ernährungsphysiologisch und backtechnisch interessant ist Roggen bzw. Waldstaude durch die sogenannten Pentosane. Diese Schleimstoffe haben eine hohe Wasserbindekraft und sind daher bei der Teigbildung von Roggenteigen von Bedeutung: Roggeneiweiß hat nicht die kleber- und teigbildenden Eigenschaften wie Weizeneiweiß. Im Roggenteig übernehmen die Pentosane die Bindung des Wassers, allerdings nur im sauren Milieu. Deshalb ist bei der Brotherstellung eine Sauerteiggärung notwendig. Die Milchsäurebakterien des Sauerteigs produzieren Milchsäure und Essigsäure und sorgen für das saure Milieu. Diese traditionelle Zubereitungsart ist für die heute übliche industrielle Produktion meist zu aufwendig; dem Roggenmehl werden daher Teigsäuerungsmittel und Kunstsauer zugesetzt. So wird die Quellung der Schleimstoffe erreicht, jedoch nicht die Bildung von Aroma- und Geschmacksstoffen.

Besonderheiten

Roggen, wie auch andere Getreidearten, Samen und Nüsse, enthält in den äußeren Randschichten Phytinsäure. Diese hemmt unter bestimmten Bedingungen im Magen-Darm-Trakt die Aufnahme mancher Mineralstoffe wie Eisen, Zink und Kalzium. Das Quellen von Getreidekörnern und -schrot vermindert den Phytinsäuregehalt um 10–20 %, das Keimen vermindert ihn um 25–55 %, und bei der Sauerteig-Brotherstellung wird der Phytingehalt sogar um 80–90 % vermindert. Bei einer ansonsten ausgewogenen Ernährung wird somit die Eisen- und Zinkversorgung nicht beeinträchtigt. Phytinsäure hat aber auch Vorteile: Sie kann vorübergehend das Enzym Amylase hemmen. Dadurch wird der Umwandlungsprozess von Stärke in Zucker gehemmt und in weiterer Folge die Erhöhung des Blutzuckerspiegels verzögert.

PERSÖNLICHES

„Das" Brotgetreide

Als Teenager musste ich in den Sprachferien in England schmerzlich erfahren, dass es in Großbritannien kein Roggenbrot gibt. Seither weiß ich den kräftigen Geschmack und die besondere Würze dieses Getreides besonders zu schätzen. Übertroffen wird dieser Geschmack noch von einer Urform des Roggens, dem Waldstaudekorn oder Johannisroggen.

Phytinsäuregehalt ausgewählter Lebensmittel

Lebensmittel	mg Phytinsäure pro 100 g
Gerste entspelzt, ganzes Korn	1070
Roggen, ganzes Korn	970
Mais, ganzes Korn	940
Weizen, ganzes Korn	906
Hafer entspelzt, ganzes Korn	900
Weizenvollkornbrot	330
Roggenvollkornbrot	250
Weißbrot (Weizen)	20

Quelle: Nutri Science GmbH, www.nutri-science.de

Gefüllte Ente mit Waldstaude und Äpfeln

Zutaten

100 g Waldstaudereis,
250 ml Wasser, 1 Prise Steinsalz
1 Ente (geputzt), Steinsalz
Fülle: 2 säuerliche Äpfel (z. B. Berner Rosenapfel), 1 Zwiebel, 1 Zweig Rosmarin, 1 Bund Petersilie, 2 EL Distelöl
Saft: 1 Zwiebel, 2 Äpfel, ¼ Sellerieknolle, einige Petersilstängel, 1 Zweig Rosmarin, 1 Schuss Rot- oder Weißwein

Zubereitung

Den Waldstaudereis in kochendes Salzwasser einrühren und 35 Minuten köcheln lassen.
Die Ente innen gut salzen, die Äpfel entkernen und mit der Schale in 1 cm große Würfel schneiden. Zwiebel, Petersilie und Rosmarin fein schneiden. Die Zwiebel, Apfelwürfel und Kräuter in Distelöl kurz rösten und unter den ausgekühlten Waldstaudereis mischen. Die Ente mit der Masse füllen und mit einem Faden binden, außen mit Distelöl bepinseln und salzen. Eine feuerfeste Form mit grob geschnittenen Zwiebeln, Äpfeln, Sellerie und Kräutern auslegen, die Ente daraufsetzen und im Backrohr bei 180 °C etwa 1,5 Stunden knusprig braten. Während der Bratzeit mehrmals mit Bratensaft begießen. Wenn der Bratensaft verdunstet ist, mit gutem Rot- oder Weißwein aufgießen. Fortlaufend immer mit etwas Flüssigkeit untergießen, damit ein toller Bratensaft entsteht. Die Ente mit einem scharfen Messer vierteln, den Saft durch ein feines Sieb abseihen, abschmecken und mit frischen Kräutern servieren.

Nacktgerste

(Hordeum vulgare)

Gerste war eine der ersten Getreidearten, die kultiviert wurden. Die Vielfalt der Gersten ist sehr groß, jedoch bestehen genetisch nur geringe Unterschiede, weshalb es nur eine Art gibt (im Gegensatz zu den vielen verschiedenen Arten beim Weizen). Bereits im 5. Jahrtausend v. Chr. wurde Gerste in Spanien und anschließend am Rhein kultiviert. Bei den Griechen und Römern stand Gerste für Kraft, Mut und Ausdauer und auch für besondere Wachheit und Aktivität im Denken. Gerste besitzt nach Mais, Reis und Weizen die viertgrößte Bedeutung als Nahrungs- und Futterpflanze weltweit. Dementsprechend vielfältig sind die Verwendungsmöglichkeiten. Sie wird als Nahrung in vielen Kulturen genutzt, als Futter für Nutztiere, als Kaffee-Ersatz und zur Alkoholerzeugung (Bier, Whisky, Gin).

Pflanze

Gerste besitzt ein hohes Ertragspotenzial sowie ein großes Anpassungsvermögen und kann fast überall kultiviert werden. An den Gerstenähren können zwei bis sechs Reihen (Zeilen) von Körnern ausgebildet werden. Die zweizeiligen Gersten finden vorwiegend in der Brauerei Verwendung. Vier- und sechszeilige Gersten werden als Nahrungs- und Futterpflanze genutzt. Gerste ist in der Regel ein sehr kurzstrohiges Getreide (etwa 50 cm), einzelne Sorten können jedoch auch bis zu 100 cm hoch werden. Mit der Wintergerste beginnt in der Regel das Erntejahr. Aufgrund der kurzen Vegetationszeiten (110 Tage) sowie der geringen Standortanforderungen dient Gerste in klimatisch raueren Regionen (z. B. Tibet) als Hauptgetreideart. Gerste ist fest von Spelzen umschlossen, diese bleibt auch während des Dreschens am Korn. Im Gegensatz zu dieser Spelzgerste gibt es die besondere Form der Nacktgersten. Für die menschliche Ernährung sind diese Nacktgerstenformen besser geeignet, da das Korn ohne aufwendige Schälung und damit ohne Verlust der Kleie und des Keimlings verwendet werden kann.

Geschmack

Nacktgerste hat einen vollmundigen, milden Geschmack. Besonders gut harmoniert Nacktgerstenreis mit Pilzen. Wenn die Gerste in einer Pfanne geröstet wird, entwickelt der Geschmack seine volle Entfaltung und die Körner werden weicher. Diese können als Naschkörner gegessen oder so wie für traditionelles tibetisches „Tsampa" gemahlen und mit Tee und (Yak-)Butter zu einem Brei gerührt werden.

Verarbeitung und Zubereitung

Gerste kann als ganzes oder gebrochenes Korn geröstet werden, Nacktgerste kann sehr gut gekeimt oder nach einer kurzen Befeuchtung gequetscht werden. Aus Gerstenschrot kann auch Frischkornbrei zubereitet werden. Bis zu 30 % kann Gerste in eine Mehlmischung für Brot mit Einkorn, Emmer, Dinkel oder Bergweizen gemischt werden. Aus Gerstenmehl mit Salz, Wasser und etwas Öl kann in der trockenen Pfanne traditionelles Gerstenbrot gebacken werden. Bereits bei den

Vegetationszeiten in Tagen

Getreideart	Vegetationszeit
Gerste	110
Hafer	130
Roggen	310
Winterweizen	320
Wintereinkorn	330
Sommereinkorn	150
Berg(Sommer)weizen	130
Winteremmer	320
Dinkel	320

Nacktgerste

Nacktgerste überzeugt

Ich habe insgesamt neun Jahre in Internaten zugebracht und dementsprechend vielfältige Erfahrungen mit Großküchenessen gemacht. Unter anderem habe ich mir in dieser Zeit eine Abneigung gegen Rollgerstensuppe eingefangen. Diese wurde schlagartig mit der ersten geschliffenen Nacktgerste und mit dem ersten Nacktgersten-Schwammerlreis ins Gegenteil verkehrt.

PERSÖNLICHES

Ägyptern und Germanen wurde Gerste zu Bier gebraut. Dazu wird Gerste gekeimt und anschließend gedarrt. Das gemälzte Korn wird meist gebrochen zur Gärung gebracht und zu Bier und Spirituosen weiterverarbeitet.

Besonderheiten

Nacktgerste und auch Nackthafer zeichnen sich durch einen hohen Gehalt an Beta-Glucanen aus. Das sind lösliche Ballaststoffe, die in der menschlichen Verdauung Gallensäuren binden und diese dadurch der mehrfachen Zirkulation zwischen Darm, Leber und Gallenblase entziehen. Auf diese Weise tragen sie dazu bei, dass der Blutcholesterinspiegel gesenkt wird.

Gehalt an Beta-Glucanen

Getreideart	Gehalt in %
Weizen, Hartweizen	0,53–0,90
Roggen	1,87–2,21
Einkorn, Emmer	0,3–0,35
Nacktgerste	3,51
Nackthafer	4,51

Quelle: Grausgruber, H. et al., 2004

Nacktgerstenreis mit Pilzen

Zutaten

Reis: 2 Schalotten, 1 EL Rapsöl, 180 g Nacktgerstenreis, 1 Prise Steinsalz, 400 ml Wasser

Pilze: 400 g Pilze (z. B. Steinpilze, Wiesenchampignons, Kräuterseitlinge), 2 EL Rapsöl, 3 Schalotten, 1 Prise Steinsalz, 100 ml Gemüsefond, 40 ml Schlagobers, Thymian zum Garnieren

Zubereitung

Schalotten fein hacken und in Rapsöl anschwitzen, den Nacktgerstenreis einrühren, salzen und anschließend mit Wasser aufgießen. Den Reis 25 Minuten offen köcheln lassen. Anschließend zum Nachziehen einen Deckel aufsetzen.

Die Pilze putzen und grob zerkleinern, mit etwas Öl kräftig anbraten. Die geschnittenen Schalotten zugeben und 5 Minuten rösten.

Zwei Drittel der Pilze herausnehmen, Fond und Obers dazugeben, gut durchkochen, pürieren und die beiseite gestellten Pilze wieder dazugeben und abschmecken.

Den Reis auf dem Teller portionsweise mit den gebratenen Pilzen anrichten und mit etwas Thymian garnieren.

Geschrotete Gerste mit Rettichsalat

Zutaten

4 schwarze Rettiche, 2 EL Mohnöl, 1 EL Weinessig, 1 Prise Steinsalz 80 g Gerstenschrot (grob), 2 EL Distelöl

Zubereitung

Die Rettiche gut waschen und bürsten, mit der Schale in Stifte schneiden, mit Weinessig, Steinsalz und Öl marinieren. Den Gerstenschrot in Distelöl bei schwacher Hitze ca. 3 Minuten goldgelb anrösten und großzügig über den Rettichsalat streuen.

Tipp

Powerfood für den Geist! Außerdem eine wunderbar würzige Vorspeise.

Ritschert

Zutaten

70 g Weiße Bohnen (oder Wachtelbohnen oder Saubohnen), 250 g Geselchtes (Brust, Stelze, Hals oder Haxe – bevorzugt vom Mangalitzaschwein), 1 Knoblauchzehe, 1 kleiner Zweig Liebstöckel, 2 Zweige Majoran, 1 Lorbeerblatt, 1 kleine Zwiebel, 1 Pastinake, 2 Karotten, 1 kleine Sellerieknolle, 1 Lauch, 2 EL Sonnenblumenöl, 70 g Nacktgerstenreis, etwas Majoran

Zubereitung

Die Bohnen über Nacht einweichen. Das Mangalitzafleisch mit Knoblauch und Kräutern gut bedeckt im Wasser weich kochen lassen.
Zwiebel hacken, Gemüse schälen und kleinwürfelig schneiden. Zwiebel und Gemüse in Öl anrösten, die abgetropften Bohnen und das Getreide zugeben, mit dem Selchsud aufgießen und aufkochen lassen.
Langsam köcheln lassen. Nach ca. 1 Stunde das Selchfleisch in Stücke schneiden und dazugeben. Mit Majoran bestreut servieren.

Tipp

Ritschert ist eine Kärntner Spezialität. Es scheiden sich die Geister darüber, ob ein Ritschert nun suppig und weich oder körnig und mehr trocken sein soll. Es schmeckt auf jeden Fall!

Nackthafer
(Avena sativa nuda)

Hafer gilt als sekundäre Kulturpflanze, kam also zuerst als Begleiter von Einkorn, Emmer und Gerste vor und wurde erst später zur eigenständigen Kultur entwickelt. Hafer ist dadurch eine wesentlich jüngere Kulturpflanze als andere Getreidearten und entstand um 1000 v. Chr. In der weiteren Evolution entwickelte sich aus dem Saat- oder Spelzhafer (Avena sativa) der Nackthafer (Avena nuda), der im Vergleich zu Spelzhafer frei dreschend ist und somit für Speisezwecke ohne Gerbverfahren verwendet werden kann. Durch Plinius dem Älteren ist belegt, dass die Germanen Haferbrei bevorzugten.

Pflanze

Hafer unterscheidet sich von den anderen Getreidearten durch den Fruchtstand. Hafer bildet eine stark verzweigte Rispe aus, ähnlich wie Reis und manchen Hirsearten. In einer Rispe sitzt jedes einzelne Korn an einer verzweigten Seitenachse der Rispenspindel. Die stehende kegelförmige Ausbildung der Rispe beim Hafer unterscheidet diesen von der dicken, hängenden Form bei der Rispenhirse und der schmalen überhängenden Reisrispe.

Geschmack

Der fruchtig-nussig-süße Geschmack des Hafers ist besonders bei Kindern sehr beliebt. Hafer hat den höchsten Fettgehalt (6–7 %) von allen Getreidearten. Von diesem Energiespeicher und aufgrund der reichen Behaarung der Körner kommt das Sprichwort: „Dich sticht der Hafer." Reich behaarte Hafersorten sollten vor der Verwendung als Speisehafer gebürstet werden, damit die feinen Härchen nicht den Geschmack beeinträchtigen.

Nackthafer

Da Hafer ein guter Energiespender ist, sollte Kindern am Abend kein Hafergericht mehr serviert werden. Ruhig zu liegen ist nach dem Genuss einfach schwer möglich.

Verarbeitung

Die klassische Verwendung von Hafer ist die als Flocken, jedoch kann Hafer auch als Korn, geschrotet oder gekeimt verzehrt werden. Nackthafer keimt sehr rasch, sieht als Keimling am Brot (siehe Salataufstrich Seite 36) besonders nett aus und schmeckt vorzüglich. Kombiniert mit Wurzelgemüse sind Haferwraps eine ideale Jause für Schule und Büro.

Tipp

Verwenden Sie zum Ankeimen nur Nackthafer, da dieser nicht gegerbt werden muss und die Keimlinge daher unbeschädigt sind.

Besonderheiten

Durch den relativ hohen Fettgehalt sollten Sie Hafer immer frisch verwenden. Selbst gequetschte Haferflocken und Haferschrot sollten nicht aufbewahrt werden, da diese leicht ranzig werden können. Für Hafer ist es daher besonders wichtig, dass auf kühle und trockene Lagerung geachtet wird.

Wie auch Nacktgerste (siehe dort) enthält Nackthafer einen sehr hohen Anteil an Beta-Glucanen.

Haferflocken-krapfen auf Belugalinsen

Zutaten

Krapfen: 300 g mehlige Kartoffeln (z. B. Agria, Mühlviertler, Blaue Schweden), 100 g Haferflocken (frisch geflockt), 2 EL Haferschrot, 2 EL Wiesenpastinakenkraut (alternativ: junge Blätter von Stangensellerie), 1 Eidotter, 1 Prise Steinsalz, Öl zum Anbraten

Linsen: 100 g Belugalinsen, 30 g Schalotten, 80 g Lauch, 1 EL Butter, 1 EL Hanföl, frische Kräuter der Saison (z. B. Zitronenthymian, Majoran, Koriander, Kerbel)

Zubereitung

Die Belugalinsen über Nacht einweichen.

Kartoffeln schälen, kochen, heiß passieren. Dotter, Steinsalz und Haferschrot untermischen. Fein geschnittenes Pastinakenkraut und ein Drittel der Haferflocken unter die Masse mischen, anschließend in kleine Knöderln formen, flach drücken und in den restlichen Haferflocken wälzen. Die Krapferln in wenig Öl beidseitig 3 Minuten goldgelb braten.

Lauch und Schalotten fein schneiden, in Butter kurz andünsten, die Belugalinsen dazugeben und mit dem Einweichwasser aufgießen, mit kalt gepresstem Hanföl vollenden.

Die Belugalinsen mit den Krapferln in tiefen Tellern anrichten, mit frischen Kräutern servieren.

Haferknödel mit Birnen-Safran-Kompott

Zutaten

Knödel: 140 g Haferflocken, 3 Eidotter, 200 g Frischkäse, 80 g Hafermehl, 1 TL Vanillezucker, Schale einer halben Zitrone, 1 Prise Steinsalz
Krokant: 50 g Rohzucker, 80 g Haferflocken
Birnenkompott: 250 ml Weißwein, 100 g Rohzucker, 1 Pkg. Safranfäden, 2 Birnen

Zubereitung

Für die Knödel die Haferflocken mit den restlichen Zutaten zu einer mittelfesten Masse verkneten und 30 Minuten rasten lassen. Kleine Knödeln formen, in kochendes Salzwasser einlegen und 10 Minuten ziehen lassen.

Für den Krokant Haferflocken trocken in einer Pfanne erwärmen (leicht bräunen), mit dem Zucker bestreuen, rasch wenden, sodass der Zucker zu karamellisieren beginnt, und sofort auf ein Papier herausleeren, überkühlen lassen und ein zweites Papier darüberlegen. Mit einem Nudelholz fest darüberrollen, um die Flocken zu zerbrechen. Auskühlen lassen.

Für das Kompott Weißwein mit Rohzucker und Safranfäden aufkochen lassen, 10 Minuten leicht köcheln lassen. Birnen schälen, entkernen, in Würfel schneiden und im Safranfond 10 Minuten ziehen lassen.

Die fertigen Knödel im Hafer-Krokant wälzen und auf Birnen-Safran-Kompott anrichten.

Brot & Gebäck

Teiglockerung

Die Teiglockerung bei Weizen und Roggenbroten wird grundsätzlich von zwei Wirkrichtungen beeinflusst. Im Mehl-Wasser-Gemisch vermehren sich Bakterien, die einerseits Milch- und Essigsäure abgeben und andererseits Kohlensäure und Wasserstoff als Gase freisetzen. Nahrungsgrundlage für die Bakterien bilden die Kohlenhydrate. Je feiner das Mehl gemahlen ist, desto leichter können die Bakterien die Kohlenhydrate verwerten. Die von den Bakterien zu Malz- und Traubenzucker abgebaute Stärke bildet die Lebensgrundlage für Hefepilze. Von den Hefen wird der Zucker in Alkohol und Kohlensäure verwandelt. Während sich der Alkohol verflüchtigt, bildet die Kohlensäure die Poren im Teig und bewirkt die Teiglockerung. Die Porenbildung im Teig ist nur durch das Vorhandensein von Klebereiweiß möglich. Dieser Kleber ist so zäh, dass er die bei der Gärung entstehende Kohlensäure im Teig festhält. Nun müssen diese Prozesse noch gelenkt und gefördert werden (Mehlzugabe, Ruhe, Wärme). Beim Backen des Brotes gerinnt das Eiweiß im Mehl, die Stärke verkleistert und der Teig erstarrt. Der Gärprozess findet in der Hitze des Ofens ein Ende. In der Brotkruste werden durch die hohen Temperaturen (ca. 200 °C) die Kohlenhydrate in Dextrine verwandelt, teilweise karamellisiert und geröstet.

PERSÖNLICHES

Im Zuge meiner landwirtschaftlichen Ausbildung machte ich Praktika in unterschiedlichen landwirtschaftlichen Betrieben. An einen meiner Praxisbauernhöfe im oberösterreichischen Windischgarsten denke ich heute beim Brotbacken noch sehr oft zurück. Dort auf dem Stummerhof lernte ich das Brotbacken.
Es gab einen großen Brotbackofen für etwa 30 Brotlaibe. Dieser war mit gestampfter Asche isoliert und hatte zwei Etagen. Und es gab einen großen Holzbottich. In diesem wurde händisch der Sauerteig mit einem Teil des Mehls (Roggen und Weizen) gemischt und über Nacht neben dem Holzofen stehen gelassen. Am nächsten Morgen kam ein Teil des Sauerteigs in Form von kleinen Kugeln auf den Rand des Herdes (siehe Sauerteig). Anschließend mischte die Bäuerin den Teig durch, um diesen bis Mittag rasten zu lassen.

Dann ging es ans Kneten und Laibeformen (siehe unter Brot kneten Seite 79). Nach dem Formen bleiben die Brote in den Simperln noch etwa 2 Stunden in der Wärme stehen.
Der Backofen wurde auf 280 °C aufgeheizt, die Glut aus dem Backraum in den darunterliegenden Glutraum geschoben und die Backschübe mit feuchtem Reisig ausgewischt. Vor dem „Einschießen" des Brotes wurde dieses aus den Körben gestürzt und mit einem feuchten Tuch abgewischt. Nach 1 Stunde mussten die Brote aus dem unteren Backschub mit denen im oberen den Platz tauschen. Wenn das Brot endlich aus dem Ofen kam, war es das Leckerste, die ersten Rindenstücke abzubrechen und zu genießen.

Arten der Teiglockerung

Sauerteig

Sauerteig gilt als die älteste Teiglockerungsmethode und wird in der Regel für Roggenbrote angewendet. Für jede Getreideart ist eine eigene Zusammensetzung von Milchsäurebakterien und Hefen erforderlich. Der Sauerteig wird in einer Dreistufenführung (Anfrisch-, Grund-, Vollsauer) gezogen und sollte im Verhältnis 1:10 zur Teigbereitung verwendet werden. Ernährungsphysiologisch und backtechnisch sind die in Roggen enthaltenen Pentosane (Ballaststoffe) interessant. Diese Schleimstoffe haben eine hohe Wasserbindekraft und sind damit für die Porenbildung wichtig.

Brotteig kneten

Es dauert etwas, bis man beim Brotteigkneten und Laibeformen den richtigen „Dreh“ heraus hat. Meine Teigkugeln sahen am Beginn nie wie Kugeln aus, immer gab es irgendwo Klüfte und Spalten. Aber mit etwas Übung gelingt es.
Beim Kneten gibt es zwei Phasen: In der ersten wird gut durchgeknetet bis ein geschmeidiger Teig entsteht. Dazu am besten den Teig für einen Laib Brot etwas flach drücken, einmal zusammenlegen, eine Vierteldrehung mit dem Teig machen, flach drücken, zusammenlegen, drehen und so weiter. Wenn dabei ein guter Rhythmus entstanden ist und sich der Teig homogen und geschmeidig anfühlt, beginnt man den Laib immer weniger zusammenzulegen, sondern eher mit der hohlen Hand (bei mir rechts) zu einer Kugel zu formen. Beim ganzen Knetvorgang sollten Sie immer nur so viel Mehl am Brett haben, dass der Teig nicht kleben bleibt. Das erfordert anfangs etwas Geduld, aber mit der Zeit spüren Sie bereits an der Art, wie sich der Teig verhält, ob Sie noch Mehl brauchen. Ich habe dazu immer etwas Mehl am Rand des Bretts liegen, sodass ich jederzeit etwas zum Einstauben verwenden kann. Die fertige Teigkugel gut bemehlen und in den bemehlten Brotkorb geben. Anstatt Mehl können Sie auch Kleie, Leinsamen, Sesam oder Mohn verwenden. Das Brot nun zugedeckt stehen lassen.

- **Kunstsauer** wird bei industriell gefertigten Broten verwendet und vermittelt den Eindruck einer Sauerteigführung durch eine Mischung von Säuren und sauren Salzen sowie Bäckerhefe zur Teiglockerung.

Waldstaudekornbrot, Feuerflecken und Weckerln

Zutaten für 1 Laib Brot und einige Feuerflecken oder Weckerln

Vorteig: 200 g Sauerteig vom Bäcker, 300 g Waldstaudevollkornmehl, 500 ml Wasser

Hauptteig: 1 kg Waldstaudevollkornmehl, 500 ml Wasser (oder Bier oder Buttermilch), 20 g Steinsalz, 1 TL Brotgewürz (z. B. Bockshornkleesamen, Kümmel, Anis, Fenchel)

Zubereitung

Vorteig (1. Phase):
Am Abend alle Zutaten mit einem Schneebesen vermischen und zugedeckt an einem warmen Ort über Nacht ruhen lassen. Das Gefäß sollte maximal zu einem Drittel gefüllt sein, damit der Vorteig Platz hat, sich auszudehnen.

Hauptteig (2. Phase):
Am nächsten Morgen ein Drittel des Vorteigs als „Url" wegnehmen und den Rest für die Teigbereitung verwenden. Die restlichen Zutaten zum Vorteig geben und mit dem Knethaken verrühren. Den Teig anfangs lieber zu weich machen; es ist einfacher, später Mehl als im Nachhinein Flüssigkeit einzuarbeiten. Der Teig sollte gerade so fest sein, dass er sich von der Schüssel löst. Wenn der Teig zu weich ist, eventuell noch etwas Mehl zugeben.
Den Teig an der Oberfläche glatt streichen und mit Mehl bedecken. Mit einem angefeuchteten Tuch zudecken und bei Zimmertemperatur stehen lassen. Es darf keine Zugluft im Zimmer sein, da sich sonst die Gärung nicht optimal entwickeln kann. Der Teig kann zwischen 4 und 10 Stunden rasten.

Hauptteig (3. Phase):
Am Nachmittag ist der Teig zur Weiterverarbeitung fertig, wenn sich in der Mehlschicht eindeutig sichtbare Risse gebildet haben und der Teig deutlich aufgegegangen ist. Dazu geben Sie etwas Mehl auf die Arbeitsfläche, lösen den Teig vom Schüsselrand und stürzen ihn auf die gut bemehlte Fläche. Die Schüssel ausputzen, etwas Mehl auf den Teig streuen. Wie auf Seite 79 beschrieben durchkneten. Der Teig darf jedoch nicht „schwer" zu kneten sein. Anschließend aus dem Teig eine oder zwei Kugeln formen. Diese gut bemehlen und in ein bemehltes Simperl legen. Anschließend nochmals etwa 2 Stunden rasten lassen.

Tipp

Das „Url" kann als weicher Teig eingefroren oder noch mit etwas Mehl vermischt zu Knödeln geformt werden. Diese an der Luft trocknen und im Kühlschrank aufbewahren. Das „Url" verwenden Sie für den nächsten Brotteig, indem Sie es auftauen beziehungsweise in Wasser einweichen und anschließend noch mit etwas Wasser und Mehl „füttern". An einem warmen Platz zugedeckt stehen lassen, eventuell noch mal „füttern", und wenn es schöne Blasen zeigt, kann es als Sauerteig für den nächsten Brotteig verwendet werden. Sollte Ihr so weitergezogenes „Url" irgendwann mal nicht mehr den gewünschten Erfolg zeigen, besorgen Sie sich beim Bäcker einen neuen Sauerteig.
Nie den Sauerteig oder Vorteig salzen!

Tipp

Wir verwenden für unsere Rezepte Steinsalz aus den Alpen, weil es am Gaumen weicher und nicht so salzscharf ist.

Am Abend die Brote vorsichtig auf das Backblech stürzen und mit einem Spieß oder Essstäbchen „Kamine" in das Brot stechen. Die Löcher dienen der Entlüftung während des Backens. Je nach Geschmack das Brot mit der Mehlkruste in das Backrohr (anfangs 220 °C) stellen oder vorher mit warmem Wasser bepinseln. Empfehlenswert ist es, ein feuerfestes Gefäß mit Wasser in den unteren Bereich des Backrohrs zu stellen. Dadurch entsteht beim Backen Wasserdampf und das Brot kann nicht austrocknen. Nach etwa 10 Minuten die Backtemperatur auf 180 °C zurückstellen. Die Backdauer beträgt insgesamt 60 Minuten.

Tipp

Ein Simperl ist ein eng geflochtenes längliches oder rundes Körbchen. Ersatzweise kann auch eine Schüssel oder ein einfaches Körberl verwendet werden, das mit einem Küchentuch ausgelegt wird. Sie können das Brot auch in eine Kasten- oder andere Kuchenform geben.

Zubereitung Feuerflecken

Die Teigbereitung erfolgt wie beim „Waldstaudebrot". Aus dem Teig nach dem Kneten kleine Kugeln (ca. 50 g) formen und nochmals etwa 2 Stunden rasten lassen. Am Abend die Kugeln zu Fladen ausrollen und auf der höchsten Stufe auf einem Plattengrill, auf einer japanischen Grillplatte, in einer Pfanne oder auf der Holzofenplatte auf beiden Seiten knusprig backen. Die fertigen Feuerflecken werden traditionell mit Schmalz und Knoblauch bestrichen, doppelt zusammengeklappt und heiß gegessen. Die Feuerflecken können auch mit Kräutersoße, Sauerkraut und Speck oder verschiedenem Gemüse gefüllt werden.

Zubereitung Weckerln

Aus einem Teil der Menge können auch Weckerln, Brotstangen oder ein kleines Brot geformt werden. Die Weckerln können mit Wasser oder verquirltem Ei bestrichen und beliebig bestreut werden und müssen nicht solange in der 3. Reifephase bleiben. Kleinere Brote und Weckerln bei 180 °C und bei Unter- und Oberhitze im Rohr etwa 15–20 Minuten backen.

PERSÖNLICHES

Was ist das älteste Getreide?

Oft werde ich gefragt: „Was ist nun das älteste Getreide?" Ich persönlich bin überzeugt, dass die Geschichte des Getreides die Menschheit schon immer begleitet hat. Es liegt auf der Hand, dass neben der Jagd auch Früchte, Samen und Wurzeln gesammelt wurden. Die Gräsersamen boten sich diesbezüglich besonders an. Diese sind gut lagerfähig und nahrhaft. Es wird daher und aus noch vielen anderen Gründen nicht zu beantworten sein, welche die älteste Getreideart ist. Aufgrund der Korngröße wird von Wissenschaftlern angenommen, dass Gerste und Weizenarten bevorzugt gesammelt wurden und diese deshalb zu den ältesten genutzten Getreidearten zählen.
Die derzeit bekanntesten Weizenarten sind neben Weichweizen der Dinkel, der Emmer und das Einkorn. Seltenere Arten wie Gommer, Kugel- und Binkelweizen werden nur in geringen Mengen angebaut.

Einkorn-Waldstaudebrot mit Keimlingen

Zutaten für 1 Laib Brot und einige Weckerln

Vorteig: 100 g Sauerteig vom Bäcker, 150 g Waldstaudevollkornmehl, 500 ml Wasser

Teig: 150 g Waldstaudevollkornmehl, 350 g Einkornvollkornmehl, 20 g Hefe, 500 ml Wasser, 20 g Steinsalz, 200–300 g Einkorn und/oder Waldstaude (gekeimt – Rezept Seite 35)

Zubereitung

Zubereitung wie Waldstaudebrot. Nach der 2. Ruhephase die Keimlinge in den Teig einkneten.

Hefe

Ursprünglich wurde zur Hefegewinnung der Gärschaum verwendet, der beim Brauen alkoholischer Getränke entsteht. Heute findet die Vermehrung der Hefezellen auf Melasse unter Zusatz von verschiedenen Phosphor- und Stickstoffquellen sowie unter Zugabe von Schwefel- oder Salzsäure statt. Ein Gramm Bäckerhefe enthält etwa 10 Milliarden einzelner Hefezellen. Die Hefezellen sind sehr gleichartig, weshalb bei der intensiven Gärung nur diejenigen Inhaltsstoffe aufgeschlossen werden, die die Hefen für die Vermehrung brauchen – die intensiv sich entwickelnde Kohlensäure bei der Hefegärung wird am besten vom Klebergerüst des Weizens eingefangen, wodurch die Kleberqualität des Weizens beziehungsweise der Weizensorten zum wichtigen Qualitätskriterium wurde.

Pizza, Pizzabrot und Muffins aus Einkorn

Zutaten für 4 Pizzen und ein Pizzabrot oder mehrere Pizzastangen

40 g Hefe, 1 kg Einkornvollkornmehl, 660 ml Wasser, 50 ml Olivenöl, 20 g Steinsalz, ½ Bund Basilikum

Pizza/Pizzabrot: 500 g bunte Tomaten, ½ Bund Basilikum, Pfeffer aus der Mühle, 1 Prise Steinsalz, 100 g Hartkäse, 1 Zweig Rosmarin, 3–4 EL Olivenöl

Muffins: Weißmohn, Graumohn, geschälter Sesam und Leinsamen zum Wälzen

Muffinblech

Teigbereitung

Die Hefe mit etwa 100 g Einkornmehl und 250 ml lauwarmem Wasser mit dem Schneebesen verrühren und an einem warmen Ort stehen lassen. 800 g Mehl, Steinsalz und einen Teil des fein gehackten Basilikums in der Rührschüssel vermischen und das Öl eingießen. Wenn die Hefe angefangen hat, Blasen zu bilden, die Masse zu den restlichen Zutaten in die Rührschüssel geben und mit dem lauwarmen Wasser zu einem glatten Hefeteig kneten. Je nach Bedarf noch das restliche Mehl oder etwas lauwarmes Wasser zugeben.

Die Hälfte des Teigs für die Pizzen auf ein gut bemehltes Nudelbrett geben und daraus vier bis sechs handgroße Knödel formen, die Oberfläche mit Olivenöl bestreichen und zum Rasten in Salatschüsseln geben. Zudecken und warm etwa 15 Minuten rasten lassen.

Die zweite Hälfte des Teigs mit etwas Mehl bedecken und an einem warmen Ort zugedeckt stehen lassen.

Für die Pizza:
Basilikum abzupfen und den Hartkäse mit einem Käsehobel grob reiben. Einen Pizzateigknödel auf ein Backpapier geben, das Nudelholz etwas bemehlen und den Knödel etwa 4 mm dick ausrollen. Die Hälfte der Tomaten zu Spalten schneiden. Pizzen mit der Hälfte der Tomatenspalten belegen, mit Steinsalz und Pfeffer würzen, mit etwas Olivenöl beträufeln und mit Käse und Basilikum bestreuen. Bei 180 °C ca. 15 Minuten backen und heiß servieren.

Für das Pizzabrot:
Die restlichen Tomatenspalten auf ein mit Backpapier belegtes Backblech auflegen, mit gehackten Rosmarinnadeln bestreuen und mit 3–4 EL Olivenöl beträufeln. 15 Minuten bei Oberhitze auf der obersten Schiene braten. Die Tomatenspalten aus dem Rohr nehmen und etwas überkühlen lassen. Mit dem Rosmarin zur zweiten Hälfte des Pizzateigs mischen und noch einmal durchkneten. Auf dem Nudelbrett mit dem Brotteig beliebige Brote oder Pizzastangen formen, bemehlen, auf ein Backpapier legen und zugedeckt ca. 15 Minuten gehen lassen. Anschließend je nach Größe des Brotes etwa 30 Minuten backen. Nach 10 Minuten Backzeit mit lauwarmem Wasser bepinseln.

Für die Brotmuffins:
Den gesamten Teig in kleine Kugeln formen und in Mohn, Sesam oder Leinsamen wälzen. In Muffinsformen setzen, 20 Minuten warm stellen und anschließend bei 150 °C 15–20 Minuten knusprig backen.

Tipp

Für die Muffins kein Olivenöl und kein Basilikum dazugeben!

Dinkel-Karotten-Brot

Zutaten für etwa 1 kg Brot
500 g Dinkelvollkornmehl, 20 g Hefe, 10 g Steinsalz, 250 g Karottenpresskuchen (dazu rund 500 g frische Karotten auspressen und den Saft trinken), 1 EL Distelöl, 350–380 ml Wasser, Mohn, Sesam oder Leinsamen zum Bestreuen

Zubereitung
Das Mehl in die Rührschüssel der Küchenmaschine geben und in der Mitte eine Vertiefung formen. Die Hefe in 250 ml handwarmem Wasser auflösen und in die Vertiefung im Mehl gießen. Mit dem umgebenden Mehl mischen, bis die Mischung breiartig ist. Mit Mehl aus dem Randbereich bedecken. Die Rührschüssel mit einem Tuch abdecken und an einem warmen Ort etwa 1 Stunde gehen lassen.
Anschließend Salz, Karottenpresskuchen, Öl und das restliche Wasser (alles in Zimmertemperatur) mit dem Mehl und der Hefe durchrühren und ca. 10 Minuten kneten. Der Teig sollte eher weich sein und langsam aus der Schüssel laufen. Da die benötigte Wassermenge mit der Konsistenz des Karottenpresskuchens zusammenhängt, kann es sein, dass Sie noch etwas Mehl oder Wasser benötigen.

Den Teig in eine befettete und bemehlte Kastenform geben, mit einem Tuch abdecken und weitere 30 Minuten gehen lassen. Die restliche Brotteigmenge mit einer Teigkarte portionsweise auf eine bemehlte Fläche geben, zu handflächengroßen Kugeln formen, und sofort auf ein Blech mit Backpapier legen. Beliebig bestreuen oder/und einschneiden und bei 180 °C (nicht vorgeheizt) ca. 30 Minuten backen. Anschließend die Kastenform mit dem Brot in das nun vorgeheizte Backrohr geben und etwa 50 Minuten backen. Anschließend aus dem Rohr nehmen, mit einem Tuch abdecken und 30 Minuten auskühlen lassen. Nun kann die Form gewendet und das Brot aus der Form genommen werden.

Tipp

Die kleinen Brötchen sind fertig gebacken, wenn sie „hohl klingen" – dazu auf den Boden des Gebäcks klopfen. Im warmen Zustand das Brot nicht schneiden, sondern brechen.

Honig

Honig wirkt sehr günstig auf die Beschleunigung der Spontangärung. Es sind sehr intensives Kneten, eine optimale Teigbereitung und optimale Temperaturen erforderlich. Dabei entstehen im besten Fall dichte schwere Brote, die gut gekaut werden müssen.

Emmerfladenbrot

Zutaten für 4 Portionen

Vorteig: 20 g Backferment-Grundansatz, 3 g Backferment-Granulat, 350 g Emmervollkornmehl, 250 ml Wasser, 100 ml Molke

Hauptteig: 650 g Emmervollkornmehl, 1 TL Salz, 400 ml Molke

Gewürze zum Bestreuen (z. B. Schwarzkümmel, Kümmel, Anis)

Samen zum Bestreuen (z. B. Mohn, Sesam, Sonnenblumenkerne)

Spezial-Backferment (z. B. nach Hugo Erbe)

Der Honiggärungsprozess vom Honig-Salz-Brot wird im Backferment vorweggenommen und verselbstständigt. Das Backferment beruht auf den Ausgangsstoffen Honig, Leguminosenmehl und Getreide. Mit dem Backferment-Granulat kann ein sogenannter Grundansatz bereitet werden, der ähnlich dem Sauerteig „weitergezogen" werden kann und bis zu einem halben Jahr haltbar ist. Mit Backferment können sowohl aus Roggen als auch aus Weizen gelockerte Brote und Gebäck hergestellt werden.

Zubereitung

Vorteigzutaten mischen und über Nacht an einem warmen Ort (ohne Luftzug) stehen lassen. Am Morgen die Hauptteigzutaten einkneten. Teig für 2–4 Stunden gehen lassen. Er sollte um mindestens ein Drittel aufgegangen sein.
Den Teig zu Fladenbroten formen, 1/2–1 Stunde gehen lassen.
Brote rautenförmig (ca. 1 cm tief) einschneiden und mit Gewürzen oder Samen bestreuen. Im vorgeheizten Backrohr bei 180 °C etwa 40 Minuten backen.

Emmerbrottaschen

Zutaten

20 g Backferment-Grundansatz, 3 g Backferment-Granulat, 1 kg Emmervollkornmehl, 250 ml Wasser, 500 ml Molke (oder Bier oder mit Wasser verdünnte Sauermilch, 1 TL Salz
Fülle: 150 g Schinkenspeck, 150 g Bröseltopfen, 1 Ei, Gewürze und Kräuter (z. B. Petersilie, Majoran, Thymian, Kümmel)
1 Ei zum Bestreichen

Zubereitung

Für den Teig alle Zutaten verkneten, mit Mehl bestäuben und an einem warmen, zugluftfreien Platz 4–8 Stunden ruhen lassen.
Für die Fülle Schinken in kleine Würfel schneiden, mit dem Bröseltopfen und dem Ei verrühren und mit Gewürzen und Kräutern nach Geschmack würzen.
Wenn der Teig um etwa ein Drittel aufgegangen ist, noch einmal durchkneten, in zwei bis drei Portionen teilen und 8 mm dick ausrollen. Mit einem großen runden Keksausstecher oder einem umgedrehten Schüsserl 8–10 cm große Kreise ausstechen, je auf die Mitte einen Esslöffel Fülle geben, den Rand mit verquirltem Ei bestreichen, zu Halbkreisen zusammenschlagen, den Rand fest andrücken, eventuell noch 1/2 Stunde rasten lassen.
Die Taschen mit Ei bestreichen und im vorgeheizten Backrohr bei 160 °C 20 Minuten backen.

Tipp

Die Teigtaschen gelingen auch mit Dinkelmehl sehr gut.

Backferment-Grundansatz

Brot kann mit Backferment im Ein- oder Zweistufenverfahren zubereitet werden. Auf jeden Fall muss vor dem ersten Mal ein Grundansatz zubereitet werden, der in einem Schraubglas im Kühlschrank bis zu sechs Monaten aufbewahrt werden kann. Als Treibmittel zum Backen von Brot und Gebäck verwenden.

Grundansatz
Stufe 1: 20 g Backferment, 220 ml warmes Wasser (40 °C), 200 g Emmervollkornmehl
Stufe 2: 80 ml warmes Wasser, 300 g Emmervollkornmehl

Für die **Stufe 1** Backferment und Wasser klümpchenfrei verrühren, Mehl untermengen. Ansatz mit einem Tuch zudecken und 12–24 Stunden bei etwa 30 °C stehen lassen. Sobald sich Bläschen bilden, kann man mit Stufe 2 fortfahren.

Für die **Stufe 2** Wasser und Mehl mit dem Grundansatz Stufe 1 vermengen. Ansatz bei 25–30 °C reifen lassen. Nach etwa 5 Stunden sollte der Ansatz das 2- bis 3-fache Volumen haben.

Mehlspeisen & Kekse

Getreide naschen

Einkorn, Emmer und andere alte Getreidesorten haben einen besonderen Geschmackscharakter. Dieser offenbart sich bei Süßspeisen in einer jeweils eigenen Art und Weise. So liebe ich z. B. Einkornkuchen, Emmerkekse und Waldstaudelebkuchen. Getreidereis hat die Süßspeisenküche auf jeden Fall bereichert. Besonders für Süßspeisen sollten Sie den Reis langsam kochen, damit die Stärke Zeit hat, sich zu entfalten und den Gerichten eine natürliche Süße zu verleihen. Besonders bei Waldstaudereis ist die Fähigkeit der Geschmacksentfaltung etwas Besonderes.
Wir haben für Sie einige unserer Lieblingsrezepte ausgewählt. Sie können jedoch fast alle Rezepte auch mit Einkorn, Emmer, Dinkel oder Waldstaude zubereiten.

Tipps

- Hefe- und Mürbteigrezepte mit Einkorn erfordern etwas Übung!
- Emmer eignet sich besonders gut für Mürbteigrezepte!
- Waldstaude harmoniert besonders mit Schokolade – z. B. in einer Schokotorte.
- Einkornkuchen nicht zu lange rühren!
- Getreidereis für Süßspeisen langsam garen, um die dem Getreide eigene Süße hervorzuheben!
- Reduzieren Sie die Zuckerzugabe in den Mehlspeiserezepten, um dem Getreide mehr Spielraum zur Geschmacksentfaltung zu geben!
- Experimentieren Sie mit Rezepten und eigenen Ideen!

Einkorn-Topfenauflauf mit marinierten Brombeeren

Zutaten
120 g Einkornreis, 20 g Butter,
300 ml Milch, 1 Prise Salz,
125 g Topfen, 3 Eidotter,
250 g Brombeeren, 80 g Staubzucker, Saft einer halben Zitrone,
2 Eiweiß, 30 g Kristallzucker

Zubereitung
Eine Auflaufform mit Butter und Kristallzucker auskleiden.
Den Einkornreis mit Butter glasig andünsten, mit einem Teil der Milch aufgießen, aufkochen lassen, salzen und ständig rühren, damit sich die Masse nicht anlegt; diesen Vorgang mehrmals wiederholen, bis die Getreidemasse eine kompakte Konsistenz annimmt, das Korn aber noch einen leichten Biss hat. Die Masse auskühlen lassen, Eidotter und Topfen einrühren.
Die Brombeeren mit Zitronensaft und Staubzucker marinieren und zugedeckt bei Raumtemperatur ziehen lassen.
Das Eiweiß mit dem Kristallzucker zu Schnee schlagen, der Einkornmasse auf zweimal unterheben, in die vorbereiteten Formen abfüllen, im Backrohr bei 180 °C ca. 15 Minuten backen lassen.
Den Auflauf in der Form oder gestürzt mit den marinierten Brombeeren servieren.

Waldstaude-Schokoreis mit Chili und Bratäpfeln

Zutaten
150 g Waldstaudereis,
400 ml Milch, 1 Prise Steinsalz,
1 EL Honig, 1 schlanke Chilischote,
4 kleine Äpfel, 1 EL Butter,
20 ml Weißwein, 80 g Schokolade (70 % Kakaoanteil)

Zubereitung

Waldstaudereis in die heiße Milch einrühren, salzen und bei schwacher Hitze 35 Minuten garen lassen. Öfter umrühren, damit sich der Reis nicht anlegt. Den Honig einrühren. Chili in feine Ringe schneiden.
Die ganzen Äpfel in eine feuerfeste Form setzen. Mit Butterflocken und Weißwein bei 180 °C für 25 Minuten im Backrohr braten, bis sie aufspringen!
Den Waldstaudereis mit Schokolade, Chili und Bratapfel auf Tellern anrichten und heiß servieren.

Obstkuchen

Zutaten für 1 Blech

250 g Butter, 250 g Zucker, 5 Eidotter, 5 Eiweiß, 250 g Dinkelvollkornmehl, ca. 600 g Obst der Saison (z. B. Brombeeren, Marillen, Äpfel)

Zubereitung

Butter, Zucker und Dotter schaumig rühren. Eiweiß zu steifem Schnee schlagen und abwechselnd mit dem Mehl unterheben. Den Teig auf ein Blech streichen und mit Obst belegen. Bei 180 °C 30 Minuten backen.

Marmorgugelhupf

Zutaten für 1 Kuchen

250 g Butter, 5 Eidotter, 250 g Zucker, 1 Pkg. Vanillezucker, 5 Eiweiß, 450 g Emmervollkornmehl, 1 Pkg. Backpulver, 125 ml Milch, 50 g Kakaopulver

Zubereitung

Butter und Dotter mit der Hälfte des Zuckers und dem Vanillezucker schaumig rühren. Die Eiweiß mit dem restlichen Zucker zu einem steifen Eischnee schlagen. Backpulver und Mehl mischen.
2 EL der Mehl-Backpulver-Mischung und die Milch einrühren. Die Masse in zwei Teile teilen. In einen Teil der Teigmasse den Kakao einrühren und anschließend in beide Massen je die Hälfte des steif geschlagenen Eischnees und der Mehlmischung unterheben. Die Massen schichtweise in eine befettete und bemehlte Gugelhupfform füllen und den Kuchen bei 150 °C 50 Minuten backen. Kurz überkühlen und dann auf einen Teller stürzen.

Mohn-Topfen-Kuchen

(Rezept von Elisabeth Haslinger)

Zutaten für 1 Blech

Topfenmasse: 100 g weiche Butter, 150 g Zucker, 500 g Topfen (mager), 4 Eiweiß, 4 Eidotter, 1 Pkg. Vanillepuddingpulver

Mohnmasse: 4 Eidotter, 250 g Zucker, 125 ml Öl, 125 ml Wasser, 100 g Mohn (gemahlen), 200 g Einkornvollmehl, ½ Pkg. Backpulver, 4 Eiweiß

Zubereitung

Für die Topfenmasse Butter, Zucker und Dotter schaumig rühren, Topfen und Vanillepuddingpulver unterrühren. Zuletzt den steif geschlagenen Eischnee unterheben.

Für die Mohnmasse: Dotter und Zucker schaumig rühren, Öl und Wasser einrühren. Mohn, Mehl und Backpulver mischen und abwechselnd mit dem Eischnee unter die Masse heben.

Die Mohnmasse gleichmäßig auf ein Blech streichen, die Topfenmasse in einen Spritzsack mit Sterntülle füllen und damit ein Gitter auf die Teigmasse spritzen. Das Gitter sollte dabei doppelt übereinandergespritzt werden, damit es auch nach dem Backen gut sichtbar ist. Den Kuchen im Backrohr bei 180 °C 30 Minuten backen.

Emmer-Mohnherzen

(Rezept von Elisabeth Haslinger)

Zutaten

300 g Emmervollmehl,
250 g Butter, 100 g Zucker,
100 g Mohn (gemahlen), 1 Ei

Füllung: Kriecherl- oder Ribiselgelee
1 großen und 1 kleinen herzförmigen Ausstecher
1 Ei, etwas Milch zum Bestreichen

Zubereitung

Aus allen Zutaten einen glatten festen Teig kneten und mindestens 30 Minuten im Kühlen rasten lassen. Den Teig 3–4 mm dick ausrollen. Große Herzen ausstechen, bei der Hälfte davon in der Mitte noch ein kleineres Herz ausstechen, diese mit etwas Eiermilch bestreichen und bei 150 °C goldgelb backen. Die gebackenen Herzen überkühlen lassen, die ganzen Herzen mit Marmelade bestreichen und mit den ausgestochenen Herzen zusammenlegen. Sofort verzehren oder in einer Dose aufbewahren.

Emmer-Linzeraugen

Zutaten

300 g Emmervollmehl, 200 g Butter, 100 g Zucker, 3 Eidotter
Füllung: Marmelade
runde Linzeraugen-Ausstecher
1 Ei, etwas Milch zum Bestreichen

Zubereitung

wie Emmer-Mohnherzen

Waldstaude-Lebkuchen

Zutaten

4 Eier, 500 g Rohzucker, 5 EL Honig, 100 g Walnüsse, ½ TL Zitronenschale, ½ TL Orangenschale, 1 TL Vanillezucker, 1–2 TL Lebkuchengewürz, 2 Msp. Natron, 600 g Waldstaudevollkornmehl oder -vollmehl (je nach Geschmack), 1 Ei, 20 ml Milch
Samen und Nüsse zum Verzieren

Zubereitung

Eier schaumig rühren, Zucker, Honig, Nüsse und Gewürze dazugeben. Natron unter das Mehl mischen. Den Großteil der Mehlmischung in die Eimasse einrühren. Die Masse am Nudelbrett mit dem restlichen Mehl verkneten, in Frischhaltefolie einschlagen und 24 Stunden kühl rasten lassen.
Den Teig 5 mm dick ausrollen, in verschiedenen Formen ausstechen, mit Eiermilch bestreichen und mit Nüssen oder Samen verzieren. Bei 150 °C 10 Minuten goldgelb backen.

Tipp

Lebkuchen wird nach dem Backen hart. In einer Dose mit einem halben Apfel oder einer halben Zitrone wird er nach 2–3 Tagen wieder weich.

Kleiner Küchendolmetscher

Brösel ... Paniermehl
Bröseltopfen ... trockener Quark
Eidotter ... Eigelb
Fisolen ... Grüne Bohnen
Germ ... Hefe
Geselchtes ... Geräuchertes
Häuptel ... Salatkopf
Holler ... Holunder
Käsepappel ... Wegmalve
Knödel ... Kloß
Kraut ... Weißkohl
Lauch ... Porree
Melanzani ... Aubergine
Nockerl ... Klößchen
Palatschinken ... Pfannkuchen
Ribisel ... Johannisbeere
Rote Rüben ... Rote Beete, Randen
Simperl ... Brotkorb
Schlagobers ... Schlagsahne, süße Sahne
Senfkohl ... alte Kohlsorte
Staubsauger ... Bodensauggerät
Topfen ... Quark
Verjus ... Saft grüner, unreifer Trauben
Wadschinken ... Ausgelöstes vom Rind, Gulaschfleisch

Rezepte von A–Z

Die Rezepte für dieses Buch hat großteils Johann Reisinger kreiert. Rezepte von Helma Hamader sind hier mit HH gekennzeichnet. Einige Rezepte stammen von Gastautorinnen, die beim Rezept direkt genannt werden.

Wertvolle Adressen/Links

- ALP FICTION
  Plattform für Kulturaustausch
  www.vereinsmeierei.at
- ARCHE NOAH
  Gesellschaft für die Erhaltung
  der Kulturpflanzenvielfalt
  www.arche-noah.at
- BIO AUSTRIA
  Bioverband Österreich
  www.bio-austria.at
- BIOFISCH
  www.biofisch.at
- BOKU, Institut für Pflanzenzucht
  Heinrich Grausgruber
  ipp.boku.ac.at
- COBANESHOF GOBELSBURG
  Heuriger
  www.cobaneshof.at
- DEMETERBUND Österreich
  Verein der Biodynamischen
  Landwirte in Österreich
  www.demeter.at
- EDELBACHER & HASLINGER
  Bioköchinnen:
  Andrea Edelbacher – Emmersdorf
  & Elisabeth Haslinger – Pöggstall
  elisabeth.haslinger@aon.at
- EINKORN-PIZZERIA
  www.oekocatering.de/Pizzeria.htm
- ESSEN:Z Ernährung & Beratung
  Claudia Nichterl,
  Ernährungsberaterin nach TCM
  www.essenz.at
- EUROPEAN FOOD ACADEMY
  Irene Rosc
  www.europeanfoodacademy.at
- FAIREA
  Lebensmittel mit mehr Wert
  www.gut-so.at
- FLOSSMANN Gerhard
  Historiker
  gerhard.floszmann@aon.at
- GÄRTNERHOF OCHSENHERZ
  Biodynamische Gemüsevielfalt
  www.ochsenherz.at
- GASTHAUS MÖSLINGER
  Gasthaus
  www.gasthausmoeslinger.at
- GETREIDEZÜCHTUNGSFORSCHUNG
  www.darzau.de
- GUT OBERSTOCKSTALL
  Wein und Restaurant
  www.gutoberstockstall.at
- GUTESSEN CONSULTING
  www.gutessen.at
- KOMO – Die Mühlenbauer
  www.frischmahlen.com
- MORPHOGENETISCHES ZENTRUM
  Thomas Steinmann
  www.morphogenetisches-zentrum.at
- NIKOLAIHOF
  Safran, Wein und Heuriger
  www.nikolaihof.at
- REINSAAT
  Biologisches und biodynamisches
  Gemüse-Saatgut
  www.reinsaat.at
- RESTAURANT LEERER BEUTEL
  www.leerer-beutel.de
- SATIVA
  Biologisch-dynamisches Getreidesaatgut
  www.sativa-rheinau.ch
- SCHÖNBRUNNER SEMINARE
  Gartenbauschule
  Schönbrunn in Wien
  www.hblagart.bmlfuw.gv.at/schoenak/
- SLOW FOOD
  Internationale Bewegung zur
  Wahrung des Rechts auf Genuss
  www.slowfoodaustria.at
- VEREIN FÜR
  BILDEKRÄFTEFORSCHUNG
  Markus Buchmann, Getreidezüchter
  markus.buchmann@swissonline.ch
- VEREIN FÜR
  KULTURPFLANZENENTWICKLUNG
  Getreidezüchtung Peter Kunz
  www.peter-kunz.ch
- VEREIN LEBENDIGE VIELFALT
  Förderung seltener Kulturpflanzen
  und gefährdeter Haustierrassen
  www.lebendigevielfalt.at
- WEINBEISSEREI HAGER &
  WEINGUT HERMANN HAGER
  Verjus, Wein & Heuriger
  www.weinbeisserei.at
- WEINGUT WIMMER-CZERNY
  Wein, Getreide & Mangalitza
  www.wimmer-czerny.at
- ZOTTER
  Schokoladen Manufaktur GmbH
  www.zotter.at

Verwendete und weiterführende Literatur

- Abdel-Aal E., Wood, P.: Specialty Grains for Food and Feeds, American Association of Cereal Chemists, Sanct Paul – Minnesota, 2005
- Arbeitskreis für Ernährungsforschung: Getreidezubereitungen zeitgemäß, schmackhaft und bekömmlich, Arbeitskreis für Ernährungsforschung, Bad Vilbel, 2001
- Grausgruber, H.: From field to fork – Genetische Diversität am Feld, Kulinarische Vielfalt am Teller. Arche Noah Ährentage, Arche Noah & Slow Food Convivium, Waldviertel & Meierhof, 19.–20. Juni, St. Bernhard, 2004
- Grausgruber, H., Arndorfer M.: Current situation of einkorn *(Triticum monococcum subsp. monococcum)* and emmer *(Triticum turgidum subsp. dicoccum)* cultivation in Austria. In: Marè, C., Faccioli, P., Stanca, A. M. (Eds.), From Biodiversity to Genomics: Breeding Strategies for Small Grain Cereals in the Third Millennium, Proceedings of the EUCARPIA Cereal Section Meeting, 21–25 Nov. 2002, Salsomaggiore, pp. 45–47. Experimental Institute for Cereal Research, Fiorenzuola d'Arda, Italy, 2003
- Grausgruber, H., Sailer, C., Ruckenbauer, P.: Khorasan wheat, Kamut and „Pharaonenkorn": Origin, characteristics and potential. In: 55. Arbeitstagung der Vereinigung der Pflanzenzüchter und Saatgutkaufleute Österreichs, Stand der Pflanzenzüchtung in den neuen EU-Beitrittsländern aus Mittel- und Osteuropa – Zukünftige Strategien, 23.–25. Nov. 2004, Raumberg-Gumpenstein, pp. 75–80. Höhere Bundeslehr- und Forschungsanstalt für Landwirtschaft, Irdning, Austria, 2004
- Grausgruber, H.: Nacktgerste und Nackthafer – natürliche Cholesterin-Senker; in: Der fortschrittliche Landwirt, Heft 3/2006, 2006
- Grausgruber, H., Sailer, C., Ghambashidze, G., Bolyos, L., Ruckenbauer, P.: Genetic variation in agronomic and qualitative triats of ancient wheats. In: Vollmann, J., Grausgruber, H., Ruckenbauer, P. (Eds.), Genetic variation for plant breeding, Proceedings of the 17th EUCARPIA General Congress, 8–11 Sept., Tulln, pp. 19–22. BOKU, Vienna, Austria, 2004
- Grausgruber, H., Scheiblauer, J., Schönlechner, R., Ruckenbauer, P., Berghofer, E.: Variability in chemical composition and biologically active constituents of cereals. In: Vollmann, J., Grausgruber, H., Ruckenbauer, P. (Eds.), Genetic variation for plant breeding, Proceedings of the 17th EUCARPIA General Congress, 8–11 Sept., Tulln, pp. 23–26. BOKU, Vienna, Austria. 2004
- Kainz, W. u. a.: Index Seminum Austriae; Kulturpflanzenevolution und Erhaltung pflanzengenetischer Ressourcen in der Landwirtschaft, Sonderausgabe der Zeitschrift „Förderdienst", 2c/1998; Österreichisches Bundesministerium für Land- und Forstwirtschaft, 1998
- Kollath, W.: Getreide und Mensch – eine Lebensgemeinschaft, Helfer Verlag E. Schwabe, Bad Homburg, 5. Auflage, 1999
- Kollath, W.: Die Ordnung unserer Nahrung, Haug Verlag GmbH, Heidelberg, 1992
- Kollath, W.: Die Ernährung als Naturwissenschaft, Haug Verlag GmbH, Heidelberg, 1981
- Kühne, P.: Anthroposophische Ernährung – Lebensmittel und ihre Qualität, Arbeitskreis für Ernährungsforschung, Bad Vilbel, 2008
- Kühne, P.: Gewürze und Kräuter, Arbeitskreis für Ernährungsforschung, Bad Vilbel, 1999
- Kühne, P.: Bildekräfte in der Ernährung – Lebensmittel haben auch seelische und geistige Wirkungen. In: Lebendige Erde 5/2006, 2006
- Kühne, P., Leitzmann, C. u. a.: Ernährungsfragen, Flensburger Hefte Verlag GmbH, Flensburg, 1996
- Kunz, P., Buchmann, M., Müller, K. J., Schmidt, D. u. a.: Braucht Pflanzenzüchtung ein Bild des Menschen?, Zusammenfassung der Saatgut-Tagung 28.1.2006; Zukunftsstiftung Landwirtschaft, Linz, 2006
- Kunz, P.; Buchmann, M.: Elemente zur Steigerung der Nahrungsqualität durch Pflanzenzüchtung, Verein für Kulturpflanzenentwicklung, Hombrechtikon, 2003
- Leitzmann, C., Elmadfa, I.: Ernährung des Menschen, Verlag Eugen Ulmer, Stuttgart, 1990
- Leitzmann, C., Keller, M., Hahn, A.: Alternative Ernährungsformen, Hippokrates, Stuttgart, 2005
- Leitzmann, C., Männle, T., von Koerber, K.: Vollwert Ernährung, Haug Verlag GmbH, Heidelberg, 1993
- Nöcker, R.-M.: Das große Buch der Sprossen und Keime, Wilhelm Heyne Verlag, München, 2004
- Pokorny, A.: Backen von Brot und Gebäck, Arbeitskreis für Ernährungsforschung, Bad Vilbel, 2003
- Reisinger, J. u. a.: Kochen mit Gemüse, Fonds Gesundes Österreich, Wien, 2009
- Reisinger, J. u. a.: Küche: Management & Organisation, Trauner Verlag, Linz, 2007
- Reisinger, J. u. a.: Küche: Lebensmittel & Qualität, Trauner Verlag, Linz, 2010
- Reisinger, J., Palme, W. u. a.: Faszination Gemüse, avBuch, Wien, 2006
- Renzenbrink, U.: Die sieben Getreide, Verlag am Goetheanum, Dornach, 1993
- Renzenbrink, U.: Die Zubereitung von Getreide – Rezeptheft, Arbeitskreis für Ernährungsforschung, Bad Vilbel, 1982
- Saahs, C., Saahs, C.: Ich koche für mein Leben gern, Brandstätter Verlag, Wien, 2010
- Schmidt, D., Linnemann, L.: Bildekräfteforschung im Bereich der Lebensmittelqualität. In: Lebendige Erde 5/2006, 2006
- Steiner, R.: Geisteswissenschaftliche Grundlagen zum Gedeihen der Landwirtschaft, Rudolf Steiner Taschenbücher, Dornach, 1996
- Velimirov, A., Müller, W.: Ist Bio wirklich besser? – Die Qualität biologisch erzeugter Lebensmittel, Studienergebnisse, Wien, 2003
- Waechter, N., Küster, H. u. a.: Korn – Kulturgeschichte des Getreides, Anton Pustet Verlag, Salzburg, 1999

Meierhof – Erlesene Getreide

Am MEIERHOF blühen alte Getreidesorten wieder auf!

Die besondere Klimakombination im Horner Becken – kräftige Einflüsse des Waldviertels treffen auf milde pannonische Strömungen – bilden die besten Voraussetzungen für das Gedeihen ganz besonderer Getreide.
In biologisch-dynamischer Wirtschaftsweise wird auf Urgesteinsböden und unter Beachtung der Planeteneinflüsse und Pflanzenvitalität eine Vielfalt alter Getreidesorten angebaut, gepflegt und verarbeitet. Diese Getreide sind frei von Gentechnikeinflüssen, Saatgutmanipulationen und einseitigen Züchtungstendenzen – damit ursprünglich in ihrem Reichtum an Vital- und Geschmacksstoffen.
Auf dem MEIERHOF prägen nicht Getreidemonokulturen das Bild der Felder, sondern vielseitige Pflanzenmischungen und Permakultur fördern die Artenvielfalt und Bodengesundheit. In sorgsamem Umgang werden die verschiedenen Getreidesorten zu hochwertigen Getreideprodukten verarbeitet. Dabei entstehen Getreidereise*, Teigwaren und Mahlprodukte, die einfach, rasch und vielseitig zubereitet werden können.

Für uns bedeutet die Vielfalt der Getreidearten eine Herausforderung. Mit der Pflege und dem Anbau alter Sorten sind wir ein selbstständiger und unabhängiger Getreidebaubetrieb. Wir vermehren und selektieren unsere Getreidesorten und Herkünfte selbst. Damit passen diese in unser Klima und wir können die Pflanzengesundheit durch Mischkulturen und Pflegemaßnahmen stärken.
Eine Herausforderung anderer Art ist die Verarbeitung zu wertvollen Getreideprodukten. Wir lernen jedes Jahr weitere Formen und Geschmacksrichtungen alter Getreidesorten kennen und bewahren durch die schonende Verarbeitung deren eigenen spezifischen Geschmack.
Wir verarbeiten ausschließlich unser Getreide und Getreide von Bio- und Demeterbetrieben aus der Region.

Die fertigen Produkte vermarkten wir Ab-Hof, im Versand, in die Gastronomie, an Verarbeitungsbetriebe sowie an den Einzel- und Großhandel. Dabei ist es uns ein Anliegen, nachhaltige Partnerschaften und zufriedenstellende Konsumenten-Produzenten-Beziehungen aufzubauen.
Alte Getreidesorten zu kultivieren, zu selektieren und zu verarbeiten, bedeutet für uns, einen Schritt nach vorne zu machen. Wir produzieren LEBENSMITTEL, die Nahrung für Körper, Seele und Geist sind.

Weitere Informationen finden Sie unter:
www.meierhof.at
office@meierhof.at

* Getreidereis wird durch schonendes Schleifen und Polieren von Getreidekörnern hergestellt.

Johann Reisinger steht als Synonym für Ur-Sinn – und das auf allen Ebenen. Die Tätigkeitsfelder des kosmopolitischen Haubenkochs sind geprägt von konsequentem Bewahren und Schätzen unserer Lebensmittel und den Grundwerten aller Dinge – sei es in der Küche, im Seminarraum oder auf der Eventbühne. Johann Reisinger lebt, was er macht, mit jeder Faser – diese Authentizität ist spür- und erlebbar. Das Besondere: Johann Reisinger ist gleichzeitig Bewahrer und Visionär – und auch Revolutionär. Die Kunst, echten Wert zu vermitteln, gelingt ihm nicht nur über das Produkt auf dem Teller, sondern er schafft es, diese Faszination am Echten auch in Seminaren anderen zugänglich zu machen. Johann Reisinger ist da, um Geschmack zu lehren, um Freude am Leben(smittel) zu wecken, um Ursprüngliches zu bewahren und sein großes Wissen darüber weiterzugeben.

Johann Reisinger in Schlagworten: Kreator und „Eventator" individueller Anlässe (Organisation und Kochen in einer Hand), Veranstalter der Schönbrunner Seminare, Foodstylist, Optimist, Projektorganisator und -leiter in Kooperation mit der Arche Noah (Gesellschaft zur Erhaltung und Verbreitung der Kulturpflanzenvielfalt), Nachwuchspfleger (an der Höheren Lehranstalt für Tourismus, Wien 21).

Bildquellen

Umschlag: Miguel Dieterich
Inhalt: alle Miguel Dieterich,
außer: S. 5 – Ulrike Köb
S. 26 – Meierhof
S. 27 – Thomas Steinmann
S. 95 – Stefanie Golser

Impressum

Druck- und Verlagsges. m. b. H. Nfg. KG
Sturzgasse 1a, A-1141 Wien
E-Mail: buch@avbuch.at
Internet: www.avbuch.at

Deutsche Nationalbibliothek – CIP-Einheitsaufnahme
Die Deutsche Nationalbibliothek verzeichnet diese Publikation in der Deutschen Nationalbibliografie; detaillierte bibliografische Daten sind im Internet über http://dnb.ddb.de abrufbar.

Projektleitung: Brigitte Millan-Ruiz, avBUCH
Redaktion: Rosemarie Zehetgruber – gutessen consulting, Wien
Umschlag & Layout: Ravenstein + Partner, Verden
Satz: armanda,geisler Wien
Bildreproduktion: Miguel Dieterich, Wien
Hantsch und Jesch PrePress Services OG, Wien

Druck und Bindung:
AV+Astoria Druckzentrum, Wien
Printed in Austria

ISBN: 978-3-7040-2383-4